関 正生の

TOEIC® L&R テスト
文法問題
神速100問

関 正生 著

the japan times 出版

◉ はじめに

趣味で格闘技を習っているのですが、優れた指導者のアドバイスに驚かされることがよくあります。たとえば強く華麗なキックを習得するとき、蹴り足自体を直すのではなく、(蹴らないほうの) 軸足だったり、ときには肩の動きを矯正されたりします。そのアドバイスによってキックが見違えることがあるのです。

そのたびに私が感じるのは「TOEIC テストの問題みたいだな」ということです。「文法書を読んでも問題が解けない」「たくさんの問題を解いているのにスコアが上がらない」と悩む受験者をたくさん見てきましたが、「そこじゃなくて、こっちを直せばすぐできるんですよ」とアドバイスすることが多々あるからです。

これは特に 600 〜 800 点を取得している人に顕著なことで、「TOEIC を少し知っている」という思いがかえって足を引っ張ることがあるのです。こういうときほど「本当のプロフェッショナルの指導」が効果を発揮するのは、格闘技も英語も同じなんです。

私はオンラインサービス『スタディサプリ』の TOEIC 講座を担当することで、おそらく日本で一番たくさんの TOEIC 受験者を指導している講師だと思います。

どこでどうミスをするのか、その人のスコアはどれくらいなのか、どんな選択肢にひっかかるのか、といったことを文字通り「万単位」のデータで見てきた私にしかできない指導のエッセンスをこの本に詰め込みました。

この本は誰でも (初心者〜 950 点の人でも) 得るものが多いと自負していますが、特に想定した読者像は以下の通りです。現状 450 〜 700 点くらいの人が多く当てはまる状況かと思います。

ケース①　なんとなく初級レベルの英文法はわかっている
ケース②　本の解説を「読めばわかる」が、「自力で解く」自信はない
ケース③　たくさん問題を解いたわりにはスコアが伸び悩んでいる

この本を手にしているみなさんがすぐに対策を始めるならば、本編（16 ページ）に進んでください。もし、まだ自分に合うか確証が持てないという方は、以下の問題を「今まで学習してきた本番の解き方」でやってみてください（解いた後に次のページを見ると簡単な診断ができます）。

サンプル問題 1

Mr. Carpenter arranged a time to meet with the architect to discuss ------- the building design plans.

(A) modified
(B) modification
(C) modifies
(D) modifying

サンプル問題 2

During her presentation, Ms. Greenberg projected that corn prices would ------- rise next year.

(A) probable
(B) customary
(C) likely
(D) typical

次のページで、「よくあるミス」と「よくやってしまう解き方」を解説します。

〈サンプル問題 1 のあるあるミス〉
最初に選択肢を見る→空所前後を見る→ミスする

選択肢の単語（modified / modification / modifies / modifying）は modify の変化なので「品詞問題」だと考えます。それ自体は正しいのですが、多くの対策本に「品詞問題は空所の前後を見て解く」と書かれているので、それに従うとミスしやすいのです。

というのも、空所直前が discuss なので、ある程度の実力がある人ほど「discuss は他動詞／ discuss about にはならない／直後に名詞がくる」と知っていることで、名詞の (B) modification に飛びついてしまうミスがものすごく多いからです。

こういった解き方が通用するのは 600 点までです。そこから 700 → 800 → 900 点とスコアを上げるコツがこの本には詰まっています。実は Part 5 の問題には大事なポイントが 2 つあることがほとんどです。1 つめのポイント（ここでは「discuss が他動詞」）を見つけた瞬間に解答に飛びついてしまうとミスします。初中級者と上級者を分けるのはココなんです。※この問題の正解と解説は 18 ページ。

〈サンプル問題 2 のあるあるミス〉
最初に選択肢を見る→問題の趣旨を勘違いする→時間を浪費する

「選択肢の単語（probable / customary / likely / typical）がバラバラ」→「語彙問題と判断」→「英文の意味をじっくり考える」と勧める本が多いはずです。そのやり方だと、選択肢をそれぞれ当てはめながら訳して考える分だけ、無駄な時間を要してしまうのです。

この本では、選択肢を先に見るのではなく、「英文ありきで考える（構造を把握する）」を最優先にしています。そうすれば、実は単なる品詞問題だと気づけるのです。集中して無駄なく解けます。

TOEIC は時間との闘いでもあります。Part 7 の英文を速く読もうとする人が多いのですが、Part 5 の問題を速く解けるようにするほうが簡単です。その方法をこの本で解説していきます。※この問題の正解と解説は 20 ページ。

⦿ 特典のダウンロード

本書の正解入り問題英文 PDF と MP3 音声をスマートフォン
やパソコンでダウンロードし、ご利用いただけます。

〈スマートフォン〉

1. ジャパンタイムズ出版の音声アプリ
   「OTO Navi」をインストール
2. OTO Navi で本書を検索
3. OTO Navi で音声をダウンロードし、再生
   ※ 3 秒早送り・早戻し、繰り返し再生などの便利機能つき。
   　PDF はパソコンからご利用ください。

〈パソコン〉

1. ブラウザからジャパンタイムズ出版のサイト
   「BOOK CLUB」にアクセス
   https://bookclub.japantimes.co.jp/book/b546871.html
2. 「ダウンロード」ボタンをクリック
3. PDF と音声をダウンロードし、音声は iTunes などに取り
   込んで再生
   ※ zip ファイルを展開（解凍）してご利用ください。

⦿ 本書で使っている記号

S	主語	動	動詞	
V	動詞	名	名詞	
s	従属節の主語	形	形容詞	
v	従属節の動詞	副	副詞	
O	目的語	前	前置詞（表現）	
C	補語	接	接続詞（表現）	
p.p.	動詞の過去分詞形	代	代名詞	

◉ 目次　Contents

カバー・本文デザイン	㈱ アンパサンド
組版	朝日メディアインターナショナル㈱
問題作成	Daniel Warriner
ナレーション	Peter von Gomm、Karen Haedrich
音声収録・編集	ELEC 録音スタジオ

◉ 本書の方針と特長

➤ 1問で2つのポイント

Part 5 の問題を徹底的に分析して気づいたのが「Part 5 の英文には重要ポイントが2つある！」ことです。本書では常に2つのポイントを取り上げて解説していくので、学習の密度も2倍濃いものとなるはずです。

➤ 「思考プロセス」を言語化

本書の解説は多少クドく感じるかもしれませんが、これは「常に正解を出す人の英語脳」を言語化して、文字に起こした結果です。読みながら、正しい英語の発想と問題の解き方が身につくように解説しています。

➤ 英語の実力養成×即効性

この本では英語の核心をつかむことで Part 5 の英文法を攻略し、英語の実力そのものを上げていきます。その一方で、10日後にTOEIC 本番を迎える人にも役立つ即効性を兼ね備えた解説・まとめ方を心がけました。「速く解く」と「正確に解く」を両立させていきます。

➤ 本書の中で復習ができる仕組み

特に大事なポイントは一部重複させてあります。絶対に外せないポイントが2度、3度出てくることで、本書の中で復習ができ、「最初はできなかったけど、次はできた」という「伸びを実感する機会」になるはずです。

➤ 長文でもリスニングでも役立つ知識

解説内容は、Part 5 対策にとどまりません。長文はもちろん、リスニング対策にも使える内容を盛り込んでいます。

また、Part 5 の英文は、Part 4・6・7 の短文練習にも最適です。長文を1文ごとにしっかり読むのは大変なので、こういったところで「精読」の演習をしておきましょう。

⊙ 本書の構成と使い方

本編は問題ページと解説ページ（問題つき）で構成されています。

⊱── 問題：リズムよく解ける6問1セット

ヒントなしで解きたい人は、6問を1分30秒〜2分を目安に一気に解いていきましょう。1問1答で進めたい人は問題つきの解説ページへ進んでください。

ダウンロード特典
正解入りの問題英文音声を用意しています（p.5参照）。復習の際、シャドーイングなどにご利用ください。

タイム
「6問を1分30秒〜2分」※
（1問15秒〜20秒×6問）で解いていきます。

⏱ 6問を1分30秒〜2分で解く

001. Mr. Carpenter arranged a time to meet with the architect to discuss ------- the building design plans.

(A) modified
(B) modification
(C) modifies
(D) modifying

002. During her presentation, Ms. Greenberg projected that corn prices would ------- rise next year.

(A) probable
(B) customary
(C) likely
(D) typical

003. During his speech, Mr. Johnston announced that a new business club ------- in Melbourne by October next year.

(A) is established
(B) being established
(C) to be established
(D) will be established

004. Busy Bee's excellent customer service and ------- prices set it apart from other cleaning companies.

(A) afford
(B) affordability
(C) affords
(D) affordable

005. According to the announcement, hotel guests have to use the stairs while the elevator -------.

(A) is being fixed
(B) would have been fixed
(C) has fixed
(D) fixed

006. If Ms. Faraday accepts the position, she ------- the company's manufacturing facilities both domestically and abroad.

(A) will inspect
(B) inspected
(C) inspects
(D) has inspected

解答・解説 ▶ p.018-029

016 017

※理想は6問で1分30秒、リミットが2分です。難易度に応じて問題ごとに時間を設定する考え方もありますが、本番で1問ずつ時間をチェックするのは現実的ではないので、「6問1分30秒〜2分」を目安にしましょう。

「解答・解説」
解答と解説のページが記載されています。

⟫─ 解説：使いやすい見開き構成

各問題の解説と2つの重要ポイントをしっかり確認していきましょう。対象の問題を再掲しているので、このページで1問ずつ解きながら学習を進めることもできます。

問題を確認できる
問題英文を見ながら解説が読めるのでストレスなく学習できます。

「核心」
「隠れポイント」
1問で2つのポイントが学べます。

役立つパート
Part 5と6以外にも役立つパートをアイコンで示しました。

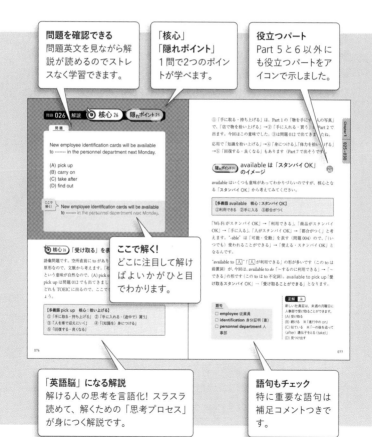

ここで解く!
どこに注目して解けばよいかがひと目でわかります。

「英語脳」になる解説
解ける人の思考を言語化! スラスラ読めて、解くための「思考プロセス」が身につく解説です。

語句もチェック
特に重要な語句は補足コメントつきです。

Chapter 0

1. Part 5 の特徴

この本は TOEIC® L&R テストの Part 5 形式の問題を使って、Part 5 の対策はもちろん、全パートに通じる英文法の力を養成するのが目的です。ここでは Part 5 について、ところどころ私なりの分析も加えて見ていきましょう。

➤ 形式

空所補充の4択問題が30問出ます。

本番では、1問あたり15秒〜20秒（全30問を7分30秒〜10分）で解ければ理想です。あくまで本番での話なので、この本では焦らずじっくり解いてみてください。「力試し」ではなく、「実力養成」が目的だからです。確固たる実力がつけば迷わず正答を選べるので、時間は必ず短縮できます。

➤ 出題内容

以下の3種類があり、それぞれ3分の1ずつ（10問ずつ）出るイメージです。

① 品詞問題：品詞の知識を問う問題。単語を見たときに品詞判別できる力も問われます。
② 文法問題：文法の勉強で出てくる「時制・不定詞・関係代名詞など」の知識を問う問題。
③ 語彙問題：語彙力・単語力を問う問題。

➤ この本の対象範囲

出題される3種類のうち、この本では、①品詞問題と②文法問題を中心に扱います。③語彙問題は単語帳で集中的に学習できますし、文法と一緒に学ぼうとすると、どうしても勉強自体が散漫なものになって、学習効率が下がると考えるからです。

※ただし文法面から重要な語彙問題・多義語問題は収録しています。解説があることで理解度が上がるからです。また、問題には語句注（たまにコメント）をつけてあるので、ちょっとした単語帳としても使えます。

2. 従来の対策 vs. 本書の対策

〈従来の対策〉
① まず選択肢に目を通す
② どのタイプの問題かを分ける
③ タイプによって、「空所の前後だけを見る」のか「全部を見る」のか判断して解く

言い回しに差はあっても、多くの対策本で「先に選択肢を見る」「全部を読まないことが大事」と強調されています。そして多くの人がそれを信じてきました。みんな「TOEIC 本番では時間が足りない」という悩みを抱えているだけに、「速く解くこと」に意識がいってしまうからです。

しかし実際には、その方法で解ける問題は限られています。「はじめに」でも、その解き方がダメな理由には触れましたが、まとめると以下の理由があります。

選択肢を見ることで自爆する

「はじめに」のサンプル問題2で示した通り、選択肢を先に見ることで問題のポイントを勘違いすることがあるのです。かなり勉強しているのに、600 〜 700 点で壁にぶつかる人に多い現象です。

「あっちを見たり、こっちを見たり」がストレス

選択肢を見てから英文の空所の前後を見るのって、実は面倒なことです。そもそも文の「途中」のどこから見ればよいのかを判断するのに、時間と集中力を浪費します。本番の緊張感の中でたくさんの問題を処理して疲弊し、英文を読むスピードが下がり、ケアレスミスも増えるのです。

そもそも一部の問題にしか通用しない

「空所の前後だけ見て解ける」のは主に品詞問題です。品詞に関する問題は3割程度ですから、残り7割の問題には通用しません。その品詞問題にも、全体の構造を把握しないと解けない問題があります。

〈本書の対策〉

選択肢を先に見ないならどうするかというと、普通に最初から読むだけです。そのほうが、結果的にラクで迷わず、速く正確に解けます。

➤ 本書で勧める「超」正攻法

① アタマから英文の構造を意識して読む

主語と動詞を中心に、接続詞・関係詞なども考慮しながらチェック。

② 空所にきたら…

最初は「空所を見た時点」で選択肢を見ます。700点を超えるくらいから、「空所のワンフレーズ後ろを見てから」選択肢を確認します。

③ 選択肢では正解を「探す」

ポイントをつかめば、正解の選択肢が目に飛び込んできます。他の選択肢で迷うことがなくなるので、結果的に「速くなる」のです。

④ 最後まで英文を読む　※超上級者向け

答えを出したら、文末まで確認することでひっかけ問題に対処できます。ただし時間がかかるので、950点以上が目標の人だけでOKです。

「間違いの選択肢を解説する」ことが大事な場合もありますが、問題のポイントをきちんとつかめば、「絶対にこれしかない！」と解けるのが Part 5 です。

したがって本書では、**正解を出すためのルートに全力を尽くすこと**を最優先します。もちろん、ひっかかりやすいものやその表現自体が重要なときは軽く触れます。

この「超」正攻法で解くことで、「最初に選択肢をチェックする時間／英文を途中から読むストレス／選択肢で迷う時間」がなくなるので、結果的に時間が大幅に短縮できます。

本編に入る前に、「これぞ Part 5 の問題！」というものを 1 つ解いてみましょう。

The sales clerk warned Ms. Blanchard that ------- the sofa to direct sunlight could cause fading.

(A) exposing   (C) expose

(B) exposed   (D) exposes

この本で扱う「Part 5 を象徴する問題」の中でも、とりわけ代表格となる問題です。従来の対策本の解説はこんな感じです。

英文中の that の後ろにある、------- the sofa to direct sunlight が could cause に対する「主語」になります。S になるためには、空所直後の the sofa という名詞を目的語にとりながら名詞節を作る、(A) exposing という動名詞を選びます。

実は、この解説には決定的に欠けている「視点」があります。その視点がないと、「（解説を読んで）わかる」けれど「（本番では）解けない」状態になってしまうのです。「わかる」と「解ける」は別モノだからです。

➤ warn がすべてを決める

この問題は、「語法」ありきの問題なんです。ここでは、S warn 人 that ~「S が 人 に〜だと警告する」の形になっています。

英語ができる人は頭の中で、warn を見た瞬間に warn がとる形（＝「語法」）を予想して、さらに that が接続詞だと意識することで、「接続詞 that の後には、sv（従属節の主語と動詞）がくる」ことを瞬時に判断しているわけです。

そして「sv がくる」と意識しているからこそ、that の後の "------- the sofa ..." という形を見て、主語になる「動名詞が入る」と判断できるのです。

つまり、「空所が主語を作る」という発想に到達できるかがカギです。この本では、その部分もしっかり解説していきます。

従来の解説にあるように「この問題のポイントは動名詞だ」と「結果」だけ説明されて、その後にいくら動名詞を勉強したところで、この手の問題ができるようにはならないのです。

➢ さらに上を目指すなら…

正解した人は、warn 人 that ~ の形を（無意識的にでも）把握できたと思います。さらに上を目指すなら、warn がとる他の形（warn 人 of ~ ／ warn 人 to do）も知っておかないといけません。

もちろん覚えることは必要ですが、ただ「覚えましょう」と言うだけでは、やはりプロフェッショナルの指導とは言えません。超一流の格闘技指導者が「たくさんやっていれば強くなる」とは言わないのと同様に、この本でも、これまでの指導経験と分析をベースにしたプロの視点と指導を盛り込んでいます。

今回の問題で正解に直結するポイント（核心）は「動名詞が名詞のカタマリを作る」ということですが、実はそれに密接に関連して、warn の語法が2番目のポイント（隠れポイント）なのです。

このように Part 5 の問題は「重要なポイントが2つある」のです。これら2つのポイントをハッキリ示して対策していこう、と生まれたのがこの本です。では、本編に入っていきましょう。

※ warn をはじめとした「語法」攻略の必殺技は 86 ページ。

正解 A

訳：その店員は Blanchard さんに、ソファが直射日光にさらされると退色が起こる可能性があることを警告しました。
(A) -ing 形　(B) 過去形・過去分詞形　(C) 原形　(D) 3人称単数現在形

Chapter **1**

まずは初動の
30問

001. Mr. Carpenter arranged a time to meet with the architect to discuss ------- the building design plans.

(A) modified
(B) modification
(C) modifies
(D) modifying

002. During her presentation, Ms. Greenberg projected that corn prices would ------- rise next year.

(A) probable
(B) customary
(C) likely
(D) typical

003. During his speech, Mr. Johnston announced that a new business club ------- in Melbourne by October next year.

(A) is established
(B) being established
(C) to be established
(D) will be established

004. Busy Bee's excellent customer service and ------- prices set it apart from other cleaning companies.

(A) afford
(B) affordability
(C) affords
(D) affordable

005. According to the announcement, hotel guests have to use the stairs while the elevator -------.

(A) is being fixed
(B) would have been fixed
(C) has fixed
(D) fixed

006. If Ms. Faraday accepts the position, she ------- the company's manufacturing facilities both domestically and abroad.

(A) will inspect
(B) inspected
(C) inspects
(D) has inspected

解答・解説 ▶ p.018-029

問題

Mr. Carpenter arranged a time to meet with the architect to discuss ------- the building design plans.

(A) modified
(B) modification
(C) modifies
(D) modifying

ここで解く！ Mr. Carpenter arranged a time to meet with the architect to discuss ------- the building design plans.

🎯 核心1 「他動詞＋動名詞＋名詞」のパターン

品詞問題です。**空所直前の他動詞 discuss に注目**して、空所以下は discuss の O（名詞）がくると予想します。今回は空所直後に the building design plans という名詞のカタマリがあるので、動名詞の (D) modifying を選べば OK です。

「名詞が 2 つ続くパターン」は NG なので、（×）modification the building design plans はダメです。「他動詞 discuss の後ろだから名詞が入る」と考えて (B) modification に飛びつくとミスをするわけです。

中上級者ほど、なまじ「discuss が他動詞ってのがポイントでしょ？」とわかってしまう人も多いため（それはそれで素晴らしいことです

が）、それだけがポイントだと信じ切ってしまうのです。「**名詞を必要とするときは、動名詞の可能性がある**」ということを肝に銘じてください。

（隠れポイント¹）**自動詞と間違えやすい「他動詞」**

discuss のように注意すべき「他動詞」をチェックしておきましょう。

【自動詞と間違えやすい「他動詞」】 ※直後に「名詞・動名詞」がくる。

□ resemble「〜に似ている」　　□ answer「〜に答える」

□ strike「〜（考え）が人の心に浮かぶ」

□ address「〜に話しかける・対処する」

□ obey「〜に従う」　　　　　　□ attend「〜に出席する」

□ deserve「〜に値する」　　　　□ reach「〜に着く」

□ enter「〜に入る」　　　　　　□ approach「〜に近づく」

□ visit「〜を訪問する」　　　　□ leave「〜を出発する」

□ contact「〜と連絡をとる」　　□ follow「〜についていく」

□ accompany「〜についていく」　□ join「〜に参加する」

□ discuss「〜について議論する」　□ mention「〜について言及する」

□ consider「〜について考える」　□ survive「〜を乗り越える」

覚えるときのコツは「正しい形」で繰り返すことです。もし「discuss は後ろに about をとらない」なんて覚えると、逆に about が頭に焼き付いてしまいます。正しい形（たとえば"discuss it"）を 10 回つぶやくと効率的ですよ。

語句

□ **arrange** 取り決める・手配する　※本来「きちんと並べる」→「ビジネスでいろいろな事柄をきちんと並べていく」→「取り決める・手配する」。

□ **architect** 建築家

□ **modify** 修正する・変更する

正解　D

Carpenter さんは、建物のデザイン案を修正することについて話し合うため、建築家と会う段取りをつけました。

(A) 動「修正する」の過去形・過去分詞形

(B) 名 修正

(C) 動 の 3 人称単数現在形

(D) 動 の -ing 形

問題

During her presentation, Ms. Greenberg projected that corn prices would ------- rise next year.

(A) probable
(B) customary
(C) likely
(D) typical

ここで
解く!

During her presentation, Ms. Greenberg projected that corn prices would ------- rise next year.

核心 2　先に選択肢を見るとブレる

品詞問題です。世間の「先に選択肢を見る」というアドバイスが、この問題ではアダになることを「はじめに」でお伝えしました。まずは英文の構造ですが、Ms. Greenberg が S、projected が V です。that 以下は O ですが、接続詞 that の後には sv が続くので、corn prices が s、would ------- rise が v になるはずです。

本来「助動詞（would）の直後に動詞の原形（rise）がくる」ので、空所には「（文法上）なくても OK な品詞」→「副詞」が入ると考えます。選択肢の中で副詞になることができるのは、(C) likely「おそらく」だけです。

仮に意味がわからなくても、-ly がついた単語は副詞が多いことから

判断することもできます（全部がそうではないので、詳しくは 209 ページで解説します）。「助動詞＋副詞＋原形」の形で、would likely rise「おそらく上昇するだろう」となる、Part 5 頻出パターンの一つです。

likely には副詞と形容詞の両方があります。形容詞として使われた be likely to *do*「〜しそう」が有名なだけに、少し難しい問題でした。

隠れポイント2　project that ~「〜と予測する」

project は名詞「プロジェクト」以外に動詞も大事で、「前に（pro）投げる（ject）」→「予測する・見積もる」です。今回は project that ~「〜と予測する」の形から、「接続詞 that の後に sv がくる」と考えることで、that の後の形を正確に認識できるわけです。

ここで便利な必殺技を紹介します。英文で **"SV that ~" の形になった場合、その V は「思う・言う」系統の意味になる**という大原則があります（簡単な例で言えば、think や say など）。

これを逆手にとれば、知らない動詞であっても、"SV that ~" の場合に「〜だと思う・言う」と予測すれば、ほぼすべての動詞で大体の意味がわかってしまうのです。今回も projected that ~ の形から「〜だと思った・言った」で理解できてしまいますね。

> "SV that ~" の形 →「〜だと思う・言う」となる!

語句

□ **presentation** プレゼンテーション
□ **corn** とうもろこし
□ **price** 値段
□ **rise** 上昇する

正解　C

Greenberg さんはプレゼンテーションで、とうもろこしは来年おそらく値上がりするだろうと予測しました。
(A) 形 起こりうる
(B) 形 お決まりの
(C) 副 おそらく
(D) 形 典型的な

問題

During his speech, Mr. Johnston announced that a new business club ------- in Melbourne by October next year.

(A) is established
(B) being established
(C) to be established
(D) will be established

ここで解く！

During his speech, Mr. Johnston announced that a new business club ------- in Melbourne by October next year.

核心 3　by October next year に注目

announce that ~「~と発表する」の形で、that 以下は sv が続くと考えます。that の後は、a new business club が s、空所に v が入ると判断できます。

ここまで読んだら、選択肢を見るのもアリでしょう。「動詞が入る」とわかっていれば、(B) being established と (C) to be established は一瞬で削除できます（-ing や to *do* は主語に対する動詞にはなれない）。

残念ながら 1 つに絞ることはできなかったので問題文に戻ると、文末に by October next year があります。「未来の話」だとわかるので、(D) will be established が正解です。

隠れポイント3 名詞節を作る that

この文は announce that ~「~と発表する」の形で、再び "SV that ~"「S は~と思う・言う」の形ですね。この形と意味を意識して、that の後に sv を求めていけば、この問題でもポイントに集中できるというわけです。

接続詞 that は「名詞節」を作ります。「that 節が名詞の働きになるパターン」を確認しておきましょう。

【名詞節を作る that の働き】

① S になる

That the package will arrive on Friday is certain.

「小包が金曜日に届くことは確実だ」

= It is certain that the package will arrive on Friday.

※仮 S の It、真 S の that ~

② O になる

I think that he will receive a job offer.

「私は彼が仕事のオファーを受けると思う」

③ C になる

The problem is that the meeting was not productive.

「問題は、会議が生産的でなかったということだ」

語句

□ **establish** 立ち上げる・設立する

正解 D

Johnston さんは自身のスピーチで、新しいビジネスクラブが来年の10月までにメルボルンで立ち上げられることを発表しました。

(A) 受動態の現在形

(B) 受動態の現在進行形

(C) 受動態の to 不定詞

(D) 受動態の未来を表す形

問題

Busy Bee's excellent customer service and ------- prices set it apart from other cleaning companies.

(A) afford
(B) affordability
(C) affords
(D) affordable

ここで
解く！ Busy Bee's excellent customer service and ------- prices set it apart from other cleaning companies.

🎯 **核心 4** **名詞を修飾するのは？**

品詞問題です。空所には**直後の名詞 prices を修飾するもの**が入ると予想します。名詞を修飾するのは「形容詞」なので、(D) affordable「手頃な」が正解です。

この単語は afford「〜する余裕がある」の形容詞形です。"-able / -ible"の語尾は形容詞となること、かつ「可能（〜できる）」の意味になることは有名ですが、実は「受動」の意味も有するので、「（商品が）余裕で<u>購入される</u>ことが可能な」→「手頃な」となります。この「"-able / -ible"は可能・受動を表す」ことを知っていると、次のような（暗記するしかないと思われている）まぎらわしい形容詞の違いが理解できるようになります。

"-able / -ible" は「受動」、「それ以外の語尾は能動」と考えます。

	能動「〜するような」	受動「〜されるような」
forget （忘れる）	forgetful （忘れっぽい）	forgettable（忘れられるような） →（印象に残らない）
respect （尊敬する）	respectful （敬意を示す）	respectable（尊敬されるような） →（立派な・ちゃんとした）
envy （嫉妬する）	envious （嫉妬している）	enviable（嫉妬されるような） →（すごく良い）
regret （後悔する）	regretful （残念に思っている）	regrettable（後悔されるような） →（残念な・悲しむべき）

隠れポイント！　and が結ぶものを意識する

最初は文の構造を把握するのに苦労したかもしれません。Busy Bee's excellent customer service and ------- prices とあり、これが名詞のカタマリだと意識してください。「所有格（〜's）＋名詞」の形です。

set が V なので、この set を見た瞬間に、文頭の Busy Bee's excellent customer service ʿandʾ ------- prices が、"〜's 名詞 and 名詞" の形だと判断します。Busy Bee's <u>excellent customer service</u> ʿandʾ <u>affordable prices</u> のように、and が 2 つの名詞のカタマリを結んでいると判断できれば完璧です。

and・but・or などの「等位接続詞」は、「何と何を結んでいるか？」を意識することで、文構造の把握がスムーズになります。

語句

- ☐ **excellent** 素晴らしい
- ☐ **customer** 顧客
- ☐ **affordable** 手頃な
- ☐ **set A apart from B** A を B から際立たせる
- ☐ **cleaning company** 清掃会社

正解　D

Busy Bee は、その素晴らしいカスタマーサービスと良心的な値段により、他の清掃会社とは一線を画しています。

(A) 動 「〜する余裕がある」の原形
(B) 名 お買い得であること
(C) 動 の 3 人称単数現在形
(D) 形 良心的な、手頃な

問題

According to the announcement, hotel guests have to use the stairs while the elevator -------.

(A) is being fixed
(B) would have been fixed
(C) has fixed
(D) fixed

ここで解く！

According to the announcement, hotel guests have to use the stairs **while the elevator -------.**

核心 5　進行形＋受動態 "be being p.p."

動詞の形が問われています。英文全体は SV while sv. の形で、空所には従属節の v が入ります。

「エレベーターは修理される」という受動関係になり、かつ「エレベーターが修理されている間（階段を使わなければならない）」という意味が自然なので、(A) is being fixed を選べば OK です。これは受動態の進行形で、be being p.p.「～されている途中」という形です。

隠れポイント 5　受動態の変形パターン

Part 5 で受動態は超頻出です。しかし「受動態って、be + p.p. でしょ」くらいの認識だと、ミスが増えます。次の 3 つのバリエーショ

ンをきっちり確認しておいてください。どれも**受動態（be + p.p.）**の前に、「**助動詞・have・be がくっつく**」イメージです。

【受動態のバリエーション】

① 助動詞がくっつく：助動詞 <u>be</u> <u>p.p.</u>

② 完了形になる：have <u>been</u> <u>p.p.</u>「〜されてしまった」など

③ 進行形になる：be <u>being</u> <u>p.p.</u>「〜されている（途中だ）」

特に②と③は Part 1 でも必ず出てくるので完璧にしておきましょう。

【参考】

完了形 + 受動態 "have been p.p." ができあがるプロセス

	have + p.p.	完了形
+）	be + p.p.	+）受動態
	have　been p.p.	完了形 + 受動態

進行形 + 受動態 "be being p.p." ができあがるプロセス

	be + -ing	進行形
+）	be + p.p.	+）受動態
	be　being p.p.	進行形+受動態

語句

□ **according to ~** 〜によると

□ **announcement** アナウンス・発表

□ **stairs**（複数形で）階段

※ Part 1 では階段の写真と共に go upstairs「階段を上がる」で頻出（upstairs は副詞「上の階へ」）。

□ **fix** 修理する

正解 A

アナウンスによると、ホテルの宿泊客は、エレベーターの修理中は階段を使わなければならないということです。

(A) 受動態の現在進行形

(B) 受動態の仮定法過去完了

(C) 現在完了形

(D) 過去形・過去分詞形

問題

If Ms. Faraday accepts the position, she ------- the company's manufacturing facilities both domestically and abroad.

(A) will inspect
(B) inspected
(C) inspects
(D) has inspected

ここで
解く！

If Ms. Faraday **accepts** the position, **she** ------- the company's manufacturing facilities both domestically and abroad.

核心 6　副詞節の「外」なら「未来のことは未来」

「時制」がポイントです。If Ms. Faraday <u>accepts</u> the position で「現在形」になっています。これは「時・条件を表す副詞節の中では、未来のことでも現在形を使う」というルールによるものです。ただしこのルールでは、あくまで副詞節の「中だけ」が現在形であって、**副詞節の外（つまり主節）では「未来のことは未来の表現を使う」**わけです。よって、(A) will inspect が正解となります。

【構文分析】
(If Ms. Faraday <u>accepts</u> the position), she <u>will inspect</u> the ~.
　 S　　　　 v（現在形）　　　　　　 S　　 V（未来）

隠れポイント✎　**副詞節を作る従属接続詞を
チェックしておこう**

「時・条件を表す副詞節の中では、未来のことでも現在形」というルールはどの本にも載っているほど重要なものです。しかしハイスコアの人でも見落としがちなのが「時・条件を表す副詞節を作る従属接続詞」で、まずは以下の形を作ると確認してください。

(If sv), SV. / SV (if sv).　　　※（　　）は「副詞節」を表します。

---

when や if は有名なので、難しめの接続詞に反応できることがスコアアップには必要です。以下でチェックしておきましょう。

【時】
☐ as soon as「〜するとすぐに」　☐ by the time「〜するまでには」
☐ every time / each time / any time「〜するときはいつでも」
☐ the moment / the minute / the instant「〜するとすぐに」
【条件】
☐ unless「〜しない限り」　　　☐ once「いったん〜すれば」
☐ in case「〜するといけないから」
☐ as[so] long as / as[so] far as「〜する限りは」
☐ suppose / supposing / provided / providing「もし〜なら」
☐ given (the fact) (that)「〜を考慮すると、仮定すると」
※ given は前置詞的に使われることもあります（直後に名詞がくる）。

語句

☐ **position** 役職・地位
☐ **inspect** 調査する・視察する
☐ **manufacturing facility** 製造施設
☐ **both A and B** A と B 両方
☐ **domestically** 国内で
☐ **abroad** 海外に

正解　**A**

Faraday さんがその役職を引き受けたら、国内外にわたって会社の製造施設へ視察におもむくことになります。
(A) 未来を表す形
(B) 過去形・過去分詞形
(C) 3 人称単数現在形
(D) 現在完了形

007. Online bill pay services have made transferring
funds more ------- than ever before.

(A) convenience
(B) conveniently
(C) convenient
(D) conveniences

008. The number of mortgage applications received by
HNS Bank ------- by 11.2 percent over the past
year.

(A) decreases
(B) has decreased
(C) is decreasing
(D) will decrease

009. Soon after ------- her medical degree, Ms. Steele
began an internship at Bayview Hospital.

(A) completed
(B) completion
(C) completing
(D) completes

010. The executive directors of Orona Motors consider
it ------- to inform employees about the upcoming
changes right away.

(A) necessary
(B) necessitate
(C) necessarily
(D) necessity

011. Environmental groups disagree with the
government ------- how the proposed dam will
affect the environment.

(A) over
(B) almost
(C) above
(D) except

012. Ms. Howell arranged for her colleagues ------- up
at the airport at 2:00 P.M. on Wednesday.

(A) are picked
(B) being picked
(C) to be picked
(D) will be picked

解答・解説 ▶ p.032-043

問題

Online bill pay services have made transferring funds more ------- than ever before.

(A) convenience
(B) conveniently
(C) convenient
(D) conveniences

ここで解く！

Online bill pay services have made transferring funds more ------- than ever before.

核心 7　convenient は形容詞

品詞問題です。全体は make OC「O を C にする」の形で、transferring funds が O、more ------- が C になると考えます。**空所には C になる「形容詞」が入るので**、(C) convenient「便利な、都合がいい」が正解です。

また品詞だけでなく、convenient の使い方も重要です。「convenient は人を S にしない」ということをチェックしておきましょう。

× You are convenient. ※ convenient は人を S にできない。

◎ It is convenient for you.「あなたの都合がいい」
　 ※ S は it 以外（that や具体的な日付）でも OK です。

【補足】
「C になるもの」には、形容詞以外に名詞もあります。しかし今回、空所に名詞を入れてしまうと、transferring funds = more convenience(s)「送金すること」自体=「便利さ」となってしまいます。あくまで「送金すること=便利だ」と考えて形容詞を選ぶわけです。

 make を「作る」と考えない!

「convenient は形容詞」というポイントを見抜くためには、そもそも全体が SVOC の形だとわからないといけません。make OC 自体は中学レベルなので、気づかなくてもケアレスミス扱いにしてしまう人が多いのですが、make を見たときの反応で、ハイスコアへの道が分かれます。

「make を見たらまずは make OC の形を考える」という発想を身につけておきましょう。「作る」の意味を見逃すことはありえません。まずは「させる」という意味を意識するのが上級者への道です。

また、S make OC の形は、「S によって O が C する」と考えれば、前から自然に意味を理解することができます（リスニング・Part 7 で速く英文を読むのに役立ちます）。今回も主語 Online bill pay services を「オンライン支払いサービスによって」と考えれば OK です。

語句

□ **bill** 請求書・手形
□ **pay** 支払い
□ **transfer** 移す・送る
□ **fund** 資金・現金
□ **than ever before** これまでよりも・かつてないほど

正解 C

オンライン支払いサービスのおかげで、これまでよりも送金が便利になっています。
(A) 名 便利
(B) 副 便利に
(C) 形 便利な
(D) 名 の複数形

問題

The number of mortgage applications received by
HNS Bank ------- by 11.2 percent over the past year.

(A) decreases
(B) has decreased
(C) is decreasing
(D) will decrease

ここで
解く！　The number of mortgage applications received by
HNS Bank ------- by 11.2 percent over the past
year.

核心 8　現在完了形のイメージ

「時制」がポイントです。The number of mortgage applications
received by HNS Bank が S、空所には V が入ると考えます。S の部
分は、received by HNS Bank が後ろから、mortgage applications
を修飾しています。

文末の over the past year「この 1 年間で」に注目して、「過去〜
現在まで」を表す、現在完了形 (B) has decreased を選べば OK
です。

現在完了形（have p.p.）は、従来「継続、完了・結果、経験」の用
法の区別ばかりに焦点が当てられますが、実際の英文ではキレイに
3 つの用法に分類されるとは限りません。むしろ 3 つの意味が混ざ

り合って 1 つの概念を作り上げているのが「現在完了形」と言えます。

ですから、必ずしも用法の判別にこだわる必要はなく（TOEIC では用法の判別が問われる問題は出ない）、まずは「どの用法であれ、過去〜現在を表す時制」というざっくりしたイメージが必要です。

隠れポイント！ 前置詞に注意

現在完了形のヒントになる語句といえば、学校英語では、since や for ばかりでした。もちろんそういった問題も出ますが、みなさんは今回の over にも注目してください。over は本来「覆う」イメージで、「ある期間を覆って」→「〜にわたって・〜の間」を表します。

ついでに**空所直後の前置詞 by は「差（〜の分だけ）」を表します。**has decreased by 11.2 percent は「11.2 パーセント（分だけ）減った」ということで、たとえば「50%→ 38.8%」ということです。

空所の動詞直後の by は「〜によって」という受動態の by が多いですが、decrease「減る」、increase「増える」と一緒に使われる、この「差を表す by」も意識しておきましょう。そうすれば、by を見て「受動態の問題だな、あれ、選択肢に受動態の形がない…」とパニックにならず解くことができます。

語句

☐ **mortgage** 住宅ローン
☐ **application** 申込
☐ **receive** 受ける・受け入れる
☐ **decrease** 減少する

正解 B

HNS 銀行が受ける住宅ローンの申込件数は、ここ 1 年で 11.2% 減少しました。
(A) 現在形
(B) 現在完了形
(C) 現在進行形
(D) 未来を表す形

問題

Soon after ------- her medical degree, Ms. Steele began an internship at Bayview Hospital.

(A) completed
(B) completion
(C) completing
(D) completes

ここで
解く！　Soon after ------- her medical degree, Ms. Steele began an internship at Bayview Hospital.

核心 9　「前置詞＋動名詞＋名詞」のパターン

品詞問題です。空所直前の after は前置詞と接続詞の両方の用法があります。**前置詞なら後ろは名詞、接続詞なら SV がくる**はずです。

それを念頭に置いて選択肢を見ると、選択肢には complete のさまざまな形が並んでいるので、前置詞→名詞のパターンを想定します。

空所直後に her medical degree という**名詞**があるので、**それにつながる動名詞の (C) completing を選べば OK** です。after completing her medical degree「医学の学位を取得した後に」となります。

「前置詞の後だから名詞が入る」と思って、名詞の (B) completion に飛びつかないように注意しましょう。複合名詞（名詞＋名詞の形をとる特殊な表現）を除いて、原則的に「名詞が続くのは NG」で

したね。

> ◎ completing her medical degree 「医学の学位を取得すること」
> × completion her medical degree　※名詞が 2 つ続くのは原則 NG。

隠れポイント⁹ ## soon after ~
「～のすぐ後に・直後に」

文頭の Soon after ~「～のすぐ後に」もしっかり理解しておきましょう。そうすれば、after の後にある文法ポイントに集中できます。

after は「～の後に」ですが、直前に soon を置くことで、soon after ~「～のすぐ後に」となるわけです。似た表現もチェックしておきましょう。すべて after の前に副詞を置いた形です。

> 【「～のすぐ後に」を表す重要表現】
> □ soon after ~　　□ right after ~　　□ just after ~
> □ shortly after ~　□ immediately after ~

語句

□ **complete** 修了する・取得する
□ **medical** 医学の
□ **degree** 学位
□ **internship** インターンシップ・実務研修・実習

正解 **C**

Steele さんは、医学の学位を取得するとすぐに、Bayview 病院でのインターンシップを始めました。

(A) 動 「修了する」の過去形・過去分詞形
(B) 名 完成・完了
(C) 動 の -ing 形
(D) 動 の 3 人称単数現在形

問題

The executive directors of Orona Motors consider it
------- to inform employees about the upcoming
changes right away.

(A) necessary
(B) necessitate
(C) necessarily
(D) necessity

> **ここで解く!**
>
> The executive directors of Orona Motors consider
> it ------- to inform employees about the upcoming
> changes right away.

核心 10　C にくる形容詞

品詞問題です。空所の前にある consider は、consider OC「O を C と考える」の形をとります。

特に今回のような、consider it ------- to do では、it は仮 O、to 以下が真 O と呼ばれる頻出パターンです（it は to 以下の内容を指す）。元々の O（to inform ~）が長く読みにくい（O と C の切れ目もわかりにくい）ので、to 以下を後ろに移動し、その空いたところを it で埋めています。

空所には C になる「形容詞」が入るので、(A) necessary「必要な」を選べば OK です。consider it necessary to do「~することが必要だとみなす」となります。

【構文分析】

consider | to inform employees about ~ right away | necessary

consider it necessary | to inform employees about ~ right away |
　　　　仮O　C　　　　　　　　　　　　　　真O

隠れポイント 10 　SVOC をとる動詞

今回は知覚動詞 consider が使われ、consider OC「O を C とみなす」の形でした。SVOC をとる動詞の中で特に大事なのが「**使役動詞**」と「**知覚動詞**」です。以下の動詞を見たら、まずは SVOC の形を考えるようにしてください（make は出てきましたね）。**色文字**は特に重要な動詞です。

使役動詞
□ **make**「させる」　□ **have**「してもらう・される」　□ let「許可する」
知覚動詞
□ **see**「見る」　□ watch「見る」　□ **hear**「聞く」　□ feel「感じる」
□ **consider**「考える」　□ **find**「見つける」　□ catch「目撃する」

語句

□ **executive** 幹部・重役
□ **director** 取締役・主任
□ **inform** 知らせる
　※ inform 人 about で
　inform 人 of と同じ意味。
□ **employee** 従業員
□ **upcoming** 近々行われる・今度の
□ **right away** すぐに

正解 A

Orona Motors の常務取締役は、近々行われる変更について今すぐ従業員に知らせる必要があると考えています。
(A) 形 必要である
(B) 動 必要とする
(C) 副 （否定文で）必ずしも～でない
(D) 名 必要性

問題

Environmental groups disagree with the government ------- how the proposed dam will affect the environment.

(A) over
(B) almost
(C) above
(D) except

ここで
解く！

Environmental groups disagree with the government ------- how the proposed dam will affect the environment.

核心 11　disagree がとる前置詞

Part 7

動詞 disagree に注目してください。disagree with ~「~と意見が合わない」の形は知っている人も多いと思いますが、ハイスコア獲得にはそれだけでは足りません。

意見が合わないといっても、何から何まで合わないわけではなく、「合わないトピック」があるはずで、それを表すのが、**disagree with A over B「B について A と意見が合わない」**という形です。よって、正解は (A) over です。

この over は「関連（～について）」を表します。over の核心は「～を覆って」なので、「ある話題を隅々まで覆うようにカバーする」ことから「～について」という意味になりました。

今回は over の後ろに how sv「どのように sv するか」という名詞のカタマリがきています（「間接疑問文」と呼ばれるもので、疑問文が名詞のカタマリを作ります）。disagree with the government over how sv「どのように sv するかについて、政府と意見が合わない」となります。

隠れポイント11 with は本来「対立」！

disagree with A over B という形で、今回は over が問われたわけですが、with がポイントになることも考えられます。disagree は「意見が合わない」なのに、「一緒に」の with に違和感を持つ人は多く、その結果、いまいち自信を持って覚えきれないわけです。

しかし with という前置詞は、本来「**対立（ライバル関係）**」を表していて、それが長い時間を経て、「〜に対立して」→「対立するうちにセットで一緒に」→「〜と一緒に」となったのです。

本来の意味を現代においても残していることがあり、それが「〜と対立して・〜について」という意味で使われています。disagree with ~ の with も「**〜に対して不賛成だ**」→「〜と意見が合わない」ということなんです。

※ agree with ~「〜に賛成する」の with も、多くの人が「一緒に」だと思っていますが、厳密には「関連（〜について）」です。

語句

□ **environmental** 環境保護の・環境の
□ **government** 政府
□ **proposed** 提案された
□ **dam** ダム
□ **affect** 影響を与える

正解 A

環境保護団体は、提案されているダムがどのように環境に影響を及ぼすかについて、政府に異議を唱えています。
(A) 前 〜について
(B) 副 ほとんど
(C) 前 〜の上で
(D) 前 〜を除いて

問題

Ms. Howell arranged for her colleagues ------- up at the airport at 2:00 P.M. on Wednesday.

(A) are picked
(B) being picked
(C) to be picked
(D) will be picked

ここで解く！　Ms. Howell arranged for her colleagues ------- up at the airport at 2:00 P.M. on Wednesday.

核心 12　arrange for 人 to do の形

語法がポイントです。動詞 arranged に注目してください。arrange for 人 to do「人 が〜するよう手配する」の形を考え、(C) to be picked を選びます。

arranged が文の V なので、arrange の語法を知らなくても、(A) are picked と (D) will be picked は即 NG と判断できます。

ちなみに "for 人" は意味上の S の役割をしていて、「同僚は pick up される（迎えに来てもらう）」という受動関係なので、to be picked up という受動態になっているわけです。

pick up
「車で迎えにいく」

今回は arrange の語法が問われていたので、意味を考える必要はないのですが、pick up という熟語もチェックしておきましょう。

pick up にはいくつもの意味がありますが、今回は「人を車で迎えにいく」という意味で、基本形は "pick 人 up" の形です。

"pick up 人" でもいいのですが、人 が代名詞のときは必ず "pick 人 up" の語順になります。リスニングでもよく出てくるので注意が必要です。him が（h の音が脱落して）「イム」となり、前後の単語とくっついて発音されるからです。

---

pick him up
ピック ヒム アップ
　　　　↓
　　　　イム
　　　　↓
「ピッキ・マップ」のように聞こえる

同様に、pick her up の場合、her が「ァー」となり、「ピカァップ」のように聞こえます。him・her の h を落として、前後の音にくっつけるだけですので、自分で数回声に出してみるだけで本番で対応できますよ。

語句

☐ **colleague** 同僚
☐ **airport** 空港

正解　C

Howell さんは、水曜の午後 2 時に、同僚が空港まで車で迎えに来てもらえるよう手配しました。
(A) 受動態の現在形
(B) 受動態の -ing 形
(C) 受動態の to 不定詞
(D) 受動態の未来を表す形

013. Ms. Berkley must complete the employment
paperwork before ------- the job.

(A) starting
(B) started
(C) starts
(D) start

014. The selection of vegetables at Freshwin
Supermarket varies ------- the season.

(A) unless
(B) regarding
(C) except for
(D) according to

015. KBT Radio was the first media outlet to report
------- Glenwood City was selected to host the
international tourism conference.

(A) this
(B) what
(C) that
(D) it

016. In recent years, Royalty Liners ------- as one of the largest cruise operators in the Americas.

    (A) emerging
    (B) be emerged
    (C) to emerge
    (D) has emerged

017. Conference attendees arriving at the venue ------- toward the registration desk to obtain an identification badge.

    (A) directed
    (B) is directing
    (C) will be directed
    (D) will direct

018. The new graphic designer knows that the company name and logo must always appear in red and blue, -------.

    (A) respectively
    (B) attentively
    (C) shortly
    (D) momentarily

解答・解説 ▶ p.046-057

問題

Ms. Berkley must complete the employment paperwork before ------- the job.

(A) starting
(B) started
(C) starts
(D) start

ここで
解く！ Ms. Berkley must complete the employment paperwork **before** ------- the job.

核心 13　「前置詞＋動名詞＋名詞」のパターン②

品詞問題です。空所直前の before は前置詞と接続詞の両方の用法があります。選択肢を見ると動詞 start が並んでいるので、この before は「前置詞」だと予想できます（sv が続くなら接続詞）。

前置詞の後ろには「名詞・動名詞」がくるので、動名詞 (A) starting を選べば OK です。空所の後ろに the job という名詞があるので、これを O とみなして、O をとれる動詞でないといけません。つまり (C) starts と (D) start を名詞と考えても、the job とつながらないのでアウトです。

「前置詞＋動名詞＋名詞」の形で、before starting the job「その仕事を始める前に」となります。

隠れポイント13 前置詞・接続詞の両方がある単語

before のように、前置詞と接続詞の2つの品詞を持つものをチェックしておきましょう。

【前置詞と接続詞の両方がある単語】
□ before「〜する前に」　　　　□ after「〜する後に」
□ till / until「〜までずっと」　□ since「〜から今まで」
□ as「〜として（前置詞）・〜のように・〜するにつれて（接続詞）」

---

as 以外は「時」関係のものばかりですね。

また、前置詞・接続詞（ついでに副詞も）がとる形をここでまとめておきます。

	前にくる	途中にくる	後ろにくる
副詞	(副詞), SV.	S, (副詞), V.	SV, (副詞).
前置詞	(前置詞 名詞), SV.	S, (前置詞 名詞), V.	SV (前置詞 名詞).
接続詞	(接続詞 sv), SV.	S, (接続詞 sv), V.	SV (接続詞 sv).

※（　）は副詞のカタマリを表します。

語句
□ **complete** 記入する・完成させる
□ **employment** 雇用
□ **paperwork** 書類

正解　A

Berkley さんは、仕事を始める前に雇用関係書類に記入しなければなりません。
(A) -ing 形
(B) 過去形・過去分詞形
(C) 3人称単数現在形
(D) 原形

問題

The selection of vegetables at Freshwin
Supermarket varies ------- the season.

(A) unless
(B) regarding
(C) except for
(D) according to

ここで
解く！

The selection of vegetables at Freshwin
Supermarket varies ------- the season.

核心 14　「〜に応じて」を表すには？

空所直後に名詞 the season があるので、空所には「前置詞」が入ると考えます。

さて、選択肢ですが、(A) unless「〜しない限り」は接続詞なので即アウトです。(B) regarding「〜に関して」、(C) except for「〜を除いて」、(D) according to「〜に応じて」は形のうえではすべて OK なので（すべて前置詞）、後は文脈を考えます。

「野菜の品揃えは季節<u>に応じて</u>変わる」という意味になる (D) according to が正解です。

according to 〜「〜によると」は、Part 3・4・7 の設問で、According

to the speaker, what will happen next?「話し手によると、次に何が起こりますか？」のような形で何度も出てきます。

それだけに今回の「〜に応じて・〜に従って」という意味を見落としがちなので、しっかりチェックしておきましょう。

accord は「心（cord）を〜へ（ac）合わせる」→「一致する」から、according to 〜 で「〜に一致して」→「〜に応じて・〜に従って」となりました。「一致する」感覚を押さえてください。

ちなみに、副詞 accordingly「それに応じて」も Part 6 で狙われるので、セットで覚えておきましょう。

隠れポイント14 vary は variety の動詞形

「バラエティー（variety）番組」とは、「トークや歌など多様性がある番組」のことです。variety「変化・多様」の動詞形が vary で、今回は varies according to the season「季節に応じて変わる」となっています。この vary は自動詞「変わる」です（他動詞「変える」もあります）。

もし余裕があれば、ほぼ同じ意味の vary depending on 〜「〜に応じて変わる」もチェックしておきましょう（depend on 〜 は「〜に頼る」以外に、「〜次第・〜に左右される」という意味も大事で、depending on 〜「〜次第で・〜に応じて」となります）。

正解 D

Freshwin Supermarket における野菜の品揃えは、季節に応じて変わります。
(A) 接 〜しない限り
(B) 前 〜に関して
(C) 前 〜を除いて
(D) 前 〜に応じて

語句

☐ **selection** 品揃え
☐ **vegetable** 野菜

問題

KBT Radio was the first media outlet to report ------- Glenwood City was selected to host the international tourism conference.

(A) this
(B) what
(C) that
(D) it

ここで解く！ KBT Radio was the first media outlet to report ------- Glenwood City was selected to host the international tourism conference.

核心 15　関係代名詞 what と接続詞 that

空所には report の O がくることを予想します。空所以降は Glenwood City が s で、was selected が v になっています。この sv という文をまとめて、かつ report の目的語になる名詞節を作るものが入るわけです。

正解は (C) that で、report that ~「~を報告・報道する」となります。the first media outlet to report that ~ は「~を報道する最初の報道機関」です（to report が the first media outlet を修飾する形容詞的用法の不定詞）。

この問題は「report that ~ という形に気づけば正解する」と思われがちですが、(B) what が違う理由を言えないと、別の問題でひっか

かってしまいます（what は隠れポイントとしてまとめます）。

ちなみに、(A) this は「代名詞」で report の目的語になれますが、直後に sv が続くことはありえません。直後にあるのが固有名詞（Glenwood City）なので、この名詞を修飾することもありません（this の後に名前がくるのは変ですね）。(D) it も同様に、sv は続きません。

隠れポイント 15 what と that の違い

「関係代名詞 what」と「接続詞 that」は共に「名詞節を作り、『こと』と訳す」ので意味から区別はできません。しかし関係代名詞と接続詞という「品詞の違い」に注目すれば簡単に整理できます。

【関係代名詞 what vs. 接続詞 that】

	関係代名詞 what	接続詞 that
何節を作る?	名詞節	
後ろの形は?	不完全	完全

異なるのは「後ろの形」です。**関係代名詞 what** は、関係代名詞なので「**不完全**」、**接続詞 that** は「**完全**」な文がきます。
※「不完全」とは S や O が欠けた状態を指します。

select O to *do*「O が～するように選ぶ」の受動態が be selected to *do* です。この Glenwood City was selected to host ~ という文自体は「完全」です（S があり、受動態なので O は不要）。後ろに「完全」な文があるので、what はアウトなのです。

語句

□ **media outlet** 報道機関
　※ outlet は「外へ（out）出す（let）」→「世間に伝える・放送する」イメージ。
□ **host** 主催する・開催する
□ **tourism** 観光産業

正解 C

KBT Radio は、Glenwood City が国際観光会議の主催地に選ばれたことを報道した最初の報道機関でした。
(A) 代 これ
(B) 関係代名詞「～するもの・こと」
(C) 接 ～ということ
(D) 代 それ

問題

In recent years, Royalty Liners ------- as one of the largest cruise operators in the Americas.

(A) emerging
(B) be emerged
(C) to emerge
(D) has emerged

ここで
解く!　　In recent years, **Royalty Liners** ------- as one of the largest cruise operators in the Americas.

◎ 核心 16　現在完了形は「過去〜現在」に またがる時制

「SV の把握」がポイントです。Royalty Liners が S、空所には V が入ります。V として使える (D) has emerged が正解です。他の選択肢では、文のメインの V にはなれません。

なお、文頭に In recent years「近年」とあるので、「過去〜現在まで」を表す現在完了形がピッタリです。問題自体は簡単ですが、自動詞と他動詞について重要事項を確認してほしいので、この問題を採用しました。

隠れポイント16　自動詞と他動詞

自動詞と他動詞の判別は、原則として覚えていくしかないものの、実は役立つ判別方法があります。動詞に対して、「何を？」とツッコミを入れてみてください。このツッコミが成り立てば他動詞です。

---

① 「何を？」とツッコミが自然に入る　→　他動詞
② 「何を？」というツッコミは不自然　→　自動詞

たとえば、buy「買う」に対しては「何を？」とツッコミを入れないと文が成立しません。だから buy は他動詞と考えられます。run は「走る」の場合、「何を？」とツッコミを入れるのは不自然ですね。だから自動詞です。同じ run でも「経営する」という意味なら、「何を？」とツッコミが入るので、他動詞です。

正直なところ、これで100％できるわけではないのですが、この方法はかなり有効です（90％は超えます）。まずはこの方法を覚えて、これで判別できない、しかもよく出るものはその都度覚えていくのが一番効率的です（ちなみに例外でよく出る他動詞は discuss「議論する」で、このパターンは問題001ですでにまとめました）。

今回の emerge「現れる」に対しては、「何を？」とはツッコミませんね。だから自動詞と考えてください。**自動詞であれば（目的語をとらないため）受動態になりません。**よって、be emerged のような形はそもそも NG です。

語句

- □ **recent** 最近の
- □ **emerge** 現れる
- □ **as ~** ～として
- □ **cruise** クルージング
- □ **operator** 催行会社
- □ **the Americas** アメリカ大陸

正解　D

近年、Royalty Liners がアメリカ大陸の最大手クルージング催行会社の一つとして台頭しつつあります。
(A) -ing 形
(B) 受動態
(C) to 不定詞
(D) 現在完了形

問題

Conference attendees arriving at the venue -------
toward the registration desk to obtain an
identification badge.

(A) directed
(B) is directing
(C) will be directed
(D) will direct

ここで
解く！　Conference attendees arriving at the venue
------- **toward** the registration desk to obtain an
identification badge.

◎ **核心** 17　**動詞 direct の意味を
考える**　　

「能動 or 受動」の判断がポイントです。Conference attendees
arriving at the venue が S、空所には V が入ります。「**参加者は、案
内される**」という受動関係が適切なので、(C) will be directed を選
べば OK です。be directed toward ~「~に案内される」となります。

他の選択肢はすべて「能動態」なのでアウトです（他動詞としてよ
く使われる direct の直後に O がないのも不自然ですね）。
※「選択肢だけ見ると『時制』の問題に思えて、実は『受動態』がポイント」
という、Part 5 でよくあるパターンです。

direct は本来「方向を示す」という意味で、「（進むべき正しい）方
向を示す」→「指揮する・監督する」は、日本語の「ディレクター」

（TV番組を監督する人のこと）にも使われていますね。

今回は「（受付デスクに向かって）方向を示す」→「道を教える・案内する」となります。

【多義語 direct 核心：方向を示す】
①方向を示す・道を教える　　②指揮する・監督する
③まっすぐな・直行の　　　　④直接の　　※③④は形容詞。

隠れポイント17　attendee は「出席者・参加者」

Part 3 Part 4 Part 7

attend は本来「意識を一点に向けて（前置詞の at）伸ばす（tend）」で、「意識と共に体を向ける」→「出席する」、「意識を向ける」→「世話する・気をつける（attention から類推できます）」となりました。そして、attend に「〜する人」を表す "-ee" がついた単語が attendee「出席者・参加者」です。

【attend の派生語】
□ attend「出席する・世話する・気をつける」
□ attendee「出席者・参加者」
□ attendance「出席・出席者（数）、付き添い・世話」
　※名詞を作る "-ance" がついたもの。

語句

□ conference 会議
□ venue 開催地・会場
□ registration desk 登録受付所
□ obtain 手に入れる
□ identification 身分証明（書）
□ badge バッジ

正解　C

会場に着いた会議の参加者は、身分証明バッジをもらうために、受付デスクに案内されます。
(A) 過去形・過去分詞形
(B) 現在進行形
(C) 受動態の未来を表す形
(D) 未来を表す形

問題

The new graphic designer knows that the company name and logo must always appear in red and blue, -------.

(A) respectively
(B) attentively
(C) shortly
(D) momentarily

ここで
解く！

The new graphic designer knows that the company name and logo must always appear in red and blue, -------.

核心 18　respect「点」から派生した respectively

語彙問題です。この本は文法問題に集中する意図がありますが、問題 004 で respectful「敬意を示す」と respectable「立派な」に触れたので、応用として入れました。

文脈が通るのは、(A) respectively「それぞれ」だけです。この単語は、前に複数のものを並べ、それぞれを指すときに使います。ここでは the company name と red が対応して、さらに (the company) logo と blue が対応します。「会社名と会社のロゴが<u>それぞれ</u>赤色と青色」という意味です。

respect には動詞「尊敬する」以外に、名詞「点」という意味があり

ます。たとえば、in this respect「この点において」と使われます。その「点」という意味から派生したのが形容詞 respective で、「それぞれの点において」→「それぞれ」となりました。respective の副詞が respectively です。

【respect から派生した単語】

① 「尊敬する、尊敬」────→ respectful「敬意を示す」(能動)
                    ────→ respectable「立派な」(受動)

② 「点」→ respective「それぞれの」/ respectively「それぞれ」

隠れポイント 19 " in + 色 " の用法

空所直前の in red and blue もしっかり理解しておきましょう。

in はご存じ「〜の中で」ですが、本来「包囲」を表します。「〜に包まれて」→「(〜に包まれた) 状態で」となりました。in red and blue は、直訳「赤・青の状態で」→「赤色・青色で」となります。

"in + 色 "の用法は TOEIC において重要で、たとえば Part 3 ではお店での会話で出てきます。This phone comes in silver and gold.「こちらの (携帯) 電話には銀色と金色がございます」などと使われます。当然、海外旅行でも便利な表現ですよ。

語句

☐ **graphic designer** グラフィックデザイナー

☐ **logo** ロゴ

☐ **appear** 現れる・市場に出る

正解 A

新しいグラフィックデザイナーは、会社名と会社のロゴがそれぞれ常に赤色と青色でなければならないということを知っています。

(A) 副 それぞれ
(B) 副 注意深く
(C) 副 すぐに
(D) 副 一瞬で

019. The luxury jewelry brand, Clairtal, reported strong sales ------- in the Asia-Pacific region last year.

(A) grow
(B) growing
(C) growth
(D) grown

020. All ------- for the black and white photography contest must be submitted no later than November 30.

(A) to entering
(B) entered
(C) entries
(D) enter

021. The Anaheim Conference Center ------- renovations for ten months beginning next March.

(A) undergoing
(B) will be undergoing
(C) to undergo
(D) underwent

022. The fertilizer manufacturing plant will become
------- after Tuesday's safety inspection.

(A) operate
(B) operator
(C) operation
(D) operational

023. For reservations for large parties, please contact
Stevie's Seafood well -------.

(A) ahead of
(B) in front of
(C) sooner than
(D) in advance

024. Jeffrey Garvin, the president of Atalan Credential,
will be in Los Angeles on Monday ------- the
opening of a new branch there.

(A) celebrates
(B) to celebrate
(C) will celebrate
(D) celebrate

解答・解説 ▶ p.060-071

問 題

The luxury jewelry brand, Clairtal, reported strong sales ------- in the Asia-Pacific region last year.

(A) grow
(B) growing
(C) growth
(D) grown

ここで
解く！ ⟩ The luxury jewelry brand, Clairtal, reported strong sales ------- in the Asia-Pacific region last year.

◎ 核心 19　複合名詞（「名詞＋名詞」の表現）　Part 7

品詞問題の応用です。他動詞 reported の目的語が strong sales ------- in ~ と考えられます。ここでは (C) growth「成長」を選んで、strong sales growth「目覚ましい売上の増大」とします。sales growth「売上の増大」は TOEIC 頻出の「複合名詞」です。

基本的に「名詞を 2 つ連続で使う」ことはできませんでしたね（問題 001 や 009 で解説しました）。名詞を修飾するのは「形容詞」で、「形容詞＋名詞」の形が基本です。

しかし一部の決まった表現においては、「名詞＋名詞」という表現もあり、それが Part 5 で問われることがあります。こればっかりは覚えるしかないのですが、どれも Part 7 でよく出てくるので、意外と

できてしまう人も多いようです。とはいえ、ここで重要なものを確認しておきましょう。

【TOEIC 頻出の「複合名詞」の例】
□ application form「申込書」　□ registration fee「参加費・登録料」
□ installment payment「分割払い」　□ office supplies「事務用品」
□ job description「職務明細書」　□ job openings「就職口」
□ keynote speaker「基調講演者」　□ retirement party「退職パーティー」　□ safety inspection「安全点検」　□ salary increase/pay raise「昇給」　□ sales growth「売上の増大」
□ sales representative「営業社員」　□ shipping charges[fee]「配送料」　□ customer satisfaction「顧客満足」
□ employee performance「従業員の業績」　□ departure time「出発時刻」　□ arrival time「到着時刻」　□ product development「商品開発」　□ manufacturing plant「製造工場」

隠れポイント19　report (that) sv の形を考えても…

report (that) ～「～と報告する」の形を予想し、strong sales が that 節内の s、空所に v が入ると考えた人もいると思います（その発想自体は素晴らしいことです）。

しかし動詞 (A) grow を選ぶと、文末 last year の時制が合いませんので、この発想を切り替える必要があります。今回は report (that) ～の形ではなく、単純に"report 名詞"「名詞 を報告する」の形だと判断するわけです。

語句
□ **luxury** 高級な
□ **jewelry** ジュエリー
□ **strong** 好調な・目覚ましい
□ **Pacific** 太平洋の
□ **region** 地域

正解　C

高級ジュエリーブランドの Clairtal は、昨年のアジア太平洋地域における目覚ましい売上の伸びを報告しました。
(A) 動「伸びる」の現在形
(B) 動 の -ing 形
(C) 名 成長
(D) 動 の過去分詞形

問題

All ------- for the black and white photography contest must be submitted no later than November 30.

(A) to entering
(B) entered
(C) entries
(D) enter

ここで
解く！　　All ------- for the black and white photography contest **must be submitted** no later than November 30.

◎ 核心 20　SV を把握する

Part 7

品詞問題です。All ------- for the black and white photography contest が長いカタマリですが、must be submitted が V だとわかるので、この部分は S になると判断できます。

主語になるのは「名詞」なので、**空所には主語のメインとなる名詞を選びます**（for 以下は主語を修飾する）。名詞の (C) entries「出品物」を選び、entry for ~「〜への出品物」とすれば OK です。

entry は enter「入る」の名詞形で、「入ること・参加・入力」という意味です。日本語でも「コンテストにエントリーする（入る・参加する）」のように使いますね。さらに今回は「（コンテストに）エントリーした物」→「出品物」という意味です。なお、「エントリー

した人」→「参加者」という意味もあります。

最近は「ブログやフェイスブックでの記事の入力」→「(投稿)記事」という意味でも使われるのでチェックしておきましょう。

【entry の意味】
①入ること・参加・入力　②出品物・参加者　③(投稿)記事

隠れポイント 20　コンテストでの頻出表現

今回は SV を把握することが大事で、V が **must be submitted** でした。これは受動態のバリエーションで、「**助動詞＋受動態**」の形ですね（問題 005）。受動態は重要なので、確実に意味をとれるようにしておきましょう。submit は「提出する」という意味です。

ついでに、この手のコンテストの話（Part 7 で頻出）では、この All entries must be submitted だけでなく、no later than ~ もセットで出てきます（今回の英文にもありますね）。

no later than ~ は直訳「~より遅い (later than ~)」ことは決してない (no)」→「遅くとも~までには」と考えてください。「期限」を表すときに使われます。ちなみに、by を使った by no later than ~ の形になることもあります（意味は同じです）。

正解　C

白黒写真コンテストへの応募作品はすべて、11 月 30 日までに提出されなければなりません。
(A) 前 to+ 動「出品する」の -ing 形
(B) 動 の過去形・過去分詞形
(C) 名 出品作品
(D) 動 の原形

語句

□ **photography** 写真

問題

The Anaheim Conference Center ------- renovations for ten months beginning next March.

(A) undergoing
(B) will be undergoing
(C) to undergo
(D) underwent

ここで解く！

The Anaheim Conference Center -------
renovations for ten months beginning next March.

核心 21　未来進行形の意図　

「SV の把握」と「時制」がポイントです。The Anaheim Conference Center が S、空所に V が入ると考えます（ちなみに renovations が O です）。空所は V なので、(A) undergoing と (C) to undergo はアウトです（-ing も to 不定詞もメインの V にはなれません）。

残った選択肢は時制が違うので、本文に時制の根拠を探すと、**文末の for ten months** <u>beginning next March</u>「**次の 3 月から 10 カ月にわたって**」から未来だとわかるので、未来進行形の (B) will be undergoing を選べば OK です。

ここで未来進行形（will be -ing）「〜している（途中）だろう」をし

っかりチェックしておきましょう。あまり説明されないのですが、未来進行形には「(このまま順調に事が進めば、当然のように) 〜する流れになるだろう」という大事なニュアンスがあります。

今回の英文は「(よほどのトラブルがない限り) 次の3月から10カ月にわたって改修が行われることになるだろう」ということです。

これはリスニングでの「予定」や「機内アナウンス」など、TOEICでは超頻出事項です。さらに、Part 4 定番テーマの「ツアーガイド」でも、I'll be guiding your hike today.「本日のハイキングは私がガイドいたします」のように使われます。

前置詞的に使われる beginning「〜から」

文末の beginning next March「次の3月から」では、beginning が前置詞的に「〜から・〜以降」という意味で使われています。

本当は分詞構文なのですが、前置詞と考えるとわかりやすいです。ちなみに、前置詞 during も本来は動詞 dure「続く」が分詞構文になったものなんです (endure「耐える」、durable「耐久性がある」でも使われています)。

TOEIC では beginning on April 18「4月18日から」のような形でも使われるので、ぜひここでチェックしておきましょう。ちなみに、starting「〜から・〜以降」にも同じ用法があります。

語句

☐ **undergo** 経験する・受ける
☐ **renovation** 改修

正解 B

Anaheim Conference Center は、次の3月から10カ月にわたって改修が行われる予定です。
(A) -ing 形
(B) 未来進行形
(C) to 不定詞
(D) 過去形

問題

The fertilizer manufacturing plant will become -------
after Tuesday's safety inspection.

(A) operate
(B) operator
(C) operation
(D) operational

ここで
解く！ > The fertilizer manufacturing plant will become
------- after Tuesday's safety inspection.

核心 22 become の後にくる品詞は?

品詞問題です。become の後なので「形容詞」を予想し、(D)
operational「操業可能な」を選びます。become を見たら、まずは
第2文型（SVC）になると考えてください。

become の後は「名詞」がくる可能性もありますが（名詞も C になる）、
(B) operator「操作者」や (C) operation「操業」を入れてしまうと、
「製造工場」＝「操作者・操業（という動作）」になってしまうので
アウトです（そもそも名詞に冠詞がない点も不自然ですが）。

隠れポイント 22 名詞＋名詞＋名詞

The fertilizer manufacturing plant は「肥料製造工場」という意味で、

よく見ると、名詞が3つくっついた形です。

manufacturing plant「製造工場」はぜひ押さえておきましょう（問題019の解説で触れました）。これに、さらにfertilizer「肥料」がくっついたわけです。fertilizerのferは「運ぶ」という意味です。transfer「移す」などで使われていますが、身近な例ではferry「フェリー（ボート）」があります。

形容詞fertileは「運ぶ（fer）性質の」→「大事なものを運ぶ」→「生み出すことができる」→「肥沃な」で、名詞fertilizerは「土地を肥沃にするもの」→「肥料」という意味です。

やはりfertilizerの意味をしっかり把握しておくことと、何よりも**複合名詞 manufacturing plant を知っておくこと**で、こういった特殊な形を見抜けるようになります。

なお、The fertilizer manufacturing plantを複合名詞とわからずに文法的に解析すると、The fertilizerを分詞（manufacturing）が後ろから修飾しているとみなすことができます（plantは分詞manufacturingのOになって、まとめてThe fertilizerを修飾している）。

ただし、その場合は「工場・植物を製造している肥料」となり、意味不明なので、解釈が間違っていたとわかるのです。従来のTOEIC対策本で、こういった文法的解析は嫌われがちですが、ハイスコアをとる、そして真に英語を理解するためには、必要なことですので参考までに。

語句

☐ **operational** 操業可能な
☐ **safety inspection** 安全点検・安全検査

正解 D

その肥料製造工場は、火曜の安全検査の後、操業可能になる予定です。
(A) 動 操業する
(B) 名 操作者
(C) 名 操業
(D) 形 操業可能な

問 題

For reservations for large parties, please contact
Stevie's Seafood well -------.

(A) ahead of
(B) in front of
(C) sooner than
(D) in advance

ここで
解く！　　For reservations for large parties, **please contact
Stevie's Seafood well -------.**

🎯 核心 23　超頻出の
well in advance

語彙問題と副詞の特殊用法の問題です。please からが命令文になっ
ています。contact は重要な他動詞で、「〜に連絡をとる（コンタク
トする）」で、その O が Stevie's Seafood です。

well ------- というカタマリをとらえてから選択肢を見ると、形も意
味も自然に通るのは、(D) in advance「前もって・事前に」です。
in advance「前へ進めた状態で」→「前もって」という熟語です。

正直、他の選択肢はすべて直後に名詞を必要とするので、空所の前
後だけで解けてしまうのですが、あくまでそれは結果論にすぎず、
本番でそういったことをすると、時間をロスすることのほうが多い

ことはすでに Chapter 0 で解説した通りです。

※この本で実力をつけるみなさんにはそういった発想をしないでほしいという問題でもあります。

隠れポイント 23　副詞 right / well / way の「強調」の働き

今回は「強調の well」がついて、<u>well in advance</u>「**十分前に**」となっています（この形は非常によく見かけます）。この well が問われることもあるので、しっかりチェックしておきましょう。

さらに、well 以外に重要な「強調の副詞」として、「右・権利」などの意味でおなじみの right があり、"right ＋時間・場所" で使われます。有名なところでは、right now「今すぐ・たった今」があり、これは right が now を強調する表現なのです。right here なら「まさにここで！」という感じになります（Part 4 のお店の宣伝で使われます）。

※ちなみに、37 ページに出てきた right after ~「~のすぐ後に」でも right が強調の働きをしています。

さらに「道・方法」でおなじみの way にも「強調」の働きがあり、<u>way behind schedule</u>「**予定よりかなり遅れて**」は、way が直後の behind schedule「予定より遅れて」を強調しており、「何かと予定より遅れる」TOEIC の世界では欠かせない表現です（Part 2・3・4・7 で頻出です）。

語句

- □ **reservation** 予約
- □ **party** 団体・一行　※本来「人の集まり」→「パーティー・一行・関係者」などになる。
- □ **contact** 連絡する

正解　D

大人数の団体のお客様のご予約は、十分余裕を持って Stevie's Seafood にご連絡ください。
(A) ~より前に
(B) ~の前に
(C) ~より早く
(D) 前もって

問題

Jeffrey Garvin, the president of Atalan Credential, will be in Los Angeles on Monday ------- the opening of a new branch there.

(A) celebrates
(B) to celebrate
(C) will celebrate
(D) celebrate

ここで
解く！　　Jeffrey Garvin, the president of Atalan Credential, will be in Los Angeles on Monday ------- the opening of a new branch there.

核心 24　同格を見抜く

Jeffrey Garvin が S、will be が V です。Jeffrey Garvin の直後にある the president of Atalan Credential は S の説明で「同格」と呼ばれるものです。TOEIC では架空の固有名詞がたくさん出てくるので、その固有名詞を説明するために、こういった同格が多用されます。名詞の直後に、さらにもう１つ名詞を続ける、このリズムに慣れるのも、TOEIC 攻略で大事なことです。

この問題のポイントは「S の同格を認識できるかどうか」です。この時点で、空所に「V はこない」ので (A)(C)(D) はいずれも NG となり、消去法で解けてしまいます。

ちなみに V となる will be (in Los Angeles)「（LA に）いる」の be

は「いる・ある」という意味（第1文型）で、英文はすでに完成しています。つまり、第2文型ではないので、間違っても「beの後だから形容詞や-ingがくる」と考えてはいけないのです。

隠れポイント24 余分な要素は副詞

消去法で答えが出るといっても、みなさんにはこの問題を通して文法力を高めてほしいので、もう少し解説にお付き合いください。

空所の前まで（Jeffrey Garvin, the president of Atalan Credential, will be in Los Angeles on Monday）で「英文が完成している」ということは、空所以下は「余分な要素になる」→「副詞のカタマリがくる」と考えられます。

副詞のカタマリを作れるのはto不定詞の(B) to celebrate です。不定詞の「副詞的用法（〜するために）」で、to celebrate ~「〜を祝うために」となります。

【構文分析】

Jeffrey Garvin, the president of Atalan Credential, will be
　　S　　　　　　　　　　Sの同格　　　　　　　　　V
(in Los Angeles) (on Monday) (to celebrate the opening of ~).

語句

- □ **president** 社長
- □ **celebrate** 祝う
- □ **opening** 開店
- □ **branch** 支店 ※本来「枝」で、「枝分かれした店」→「支店」。

正解 B

Atalan Credential の社長である Jeffrey Garvin は、新しい支店の開店を祝うために、月曜日にはロサンゼルスにいる予定です。
(A) 3人称単数現在形
(B) to 不定詞
(C) 未来を表す形
(D) 原形

025. Ms. Becker, who taught at Humphrey's College
several years ago, plans ------- to work next
autumn.

(A) returns
(B) to return
(C) returned
(D) have returned

026. New employee identification cards will be
available to ------- in the personnel department
next Monday.

(A) pick up
(B) carry on
(C) take after
(D) find out

027. Since Ms. Holt had already finished reviewing all
of the résumés she had received, she offered to
help Mr. Wolfe ------- for his interviews.

(A) preparation
(B) prepares
(C) preparing
(D) prepare

028. *America on Wheels* magazine sends subscribers a renewal notice by e-mail one month before ------- subscription expires.

    (A) their
    (B) them
    (C) they
    (D) themselves

029. ------- of Paul Fischer's research assistants was interviewed for the documentary.

    (A) Their own
    (B) Each
    (C) All
    (D) Other

030. Entries for this year's T-shirt design contest must be ------- by an official entry form.

    (A) accompanied
    (B) accompaniment
    (C) accompanies
    (D) accompanying

解答・解説 ▶ p.074-085

問題

Ms. Becker, who taught at Humphrey's College several years ago, plans ------- to work next autumn.

(A) returns
(B) to return
(C) returned
(D) have returned

ここで
解く！　Ms. Becker, who taught at Humphrey's College several years ago, **plans** ------- **to work** next autumn.

核心 25　to 不定詞は「前向き未来志向」のイメージ

Ms. Becker が S、plans が V です。plan は後ろに to 不定詞をとる動詞なので、(B) to return を選びます。plan to *do*「～する計画だ」の形です。

plan のように後ろに「to 不定詞」しかとらない動詞は、to 不定詞が持つ「前向き未来志向」のイメージで理解していってください。次の動詞はすべて「前向き未来志向」の意味を内在するがゆえに、to と相性が良いのです。

【to をとる動詞（その 1）】　※その 2 は問題 067。
① 希望・同意

□ want to *do*「〜したい」　　　□ hope to *do*「〜したい」
□ agree to *do*「〜することに同意する」
□ offer to *do*「〜しようと申し出る」

② 計画・決心
□ plan to *do*「〜する計画だ」　□ promise to *do*「〜すると約束する」
□ prepare to *do*「〜する準備を行う」
□ decide to *do*「〜すると決める」　□ expect to *do*「〜するつもりだ」

③ チャレンジ
□ try to *do*「〜しようとする」　　□ attempt to *do*「〜しようとする」
□ mean to *do*「〜しようとする」　□ intend to *do*「〜しようとする」
□ seek to *do*「〜しようと努力する」

④ 積極的
□ manage to *do*「何とか〜することをやりとげる」
□ afford to *do*「〜する余裕がある」
□ get[come] to *do*「〜するようになる」
□ learn to *do*「〜できるようになる」

隠れポイント 25　関係代名詞の「非制限用法」

この英文では、~, who taught at Humphrey's College several years ago が主語の説明なので、厳密にはこれも主語に含まれます。

このように"コンマ＋関係代名詞"を「非制限用法」と言います。前の名詞を説明・修飾（つまり意味を狭める制限）ではなく、「補足説明」する働きがあります。

語句

□ **several** いくつかの
□ **return to work** 仕事（職場）に復帰する　※この work は名詞。

正解　B

Becker さんは、数年前にHumphrey's College で教えていましたが、来年の秋に職場に復帰する予定です。
(A) 3 人称単数現在形
(B) to 不定詞
(C) 過去形・過去分詞形
(D) 現在完了形

問題

New employee identification cards will be available
to ------- in the personnel department next Monday.

(A) pick up
(B) carry on
(C) take after
(D) find out

ここで
解く！　　New employee identification cards will be available
to ------- in the personnel department next Monday.

◎ 核心 26　「受け取る」を表すには？

語彙問題です。空所直前に to がありますが、選択肢はすべて動詞の
原形なので、文脈から考えます。「社員証を受け取ることができる」
という意味が自然なので、(A) pick up「受け取る」が正解です。
pick up は問題 012 でも出てきましたが、たくさんの意味があり、
どれも TOEIC に出るので、ここでしっかりチェックしておきまし
ょう。

【多義語 pick up　核心：拾い上げる】
① 「手に取る・持ち上げる」　② 「手に入れる・（途中で）買う」
③ 「人を車で迎えにいく」　　④ 「（知識を）身につける」
⑤ 「回復する・良くなる」

---

①「手に取る・持ち上げる」は、Part 1 の「物を手にする人の写真」で、「店で物を拾い上げる」→②「手に入れる・買う」は Part 2 で出ます。今回はこの意味でした。③は問題 012 で出てきましたね。

応用で「知識を拾い上げる」→④「身につける」、「体力を拾い上げる」→⑤「回復する・良くなる」もあります（Part 7 で出そうです）。

 隠れポイント 26 ## available は「スタンバイ OK」のイメージ

available はいくつも意味があってわかりづらいのですが、核心となる「**スタンバイ OK**」から考えてみてください。

【多義語 available　核心：スタンバイ OK】
①利用できる　②手に入る　③都合がつく

「Wi-Fi がスタンバイ OK」→「利用できる」、「商品がスタンバイ OK」→「手に入る」、「人がスタンバイ OK」→「都合がつく」と考えます。"-able" は「可能・受動」を表す（問題 004）ので、「（いつでも）使われることができる」→「使える・スタンバイ OK」となるんです。

"available to 人" 「人 が利用できる」の形が多いです（この to は前置詞）が、今回は、available to *do*「〜するのに利用できる」→「〜できる」の形です（この to は to 不定詞）。**available to pick up「受け取るスタンバイ OK」→「受け取ることができる」**となります。

語句
- ☐ **employee** 従業員
- ☐ **identification** 身分証明（書）
- ☐ **personnel department** 人事部

正解　A

新しい社員証は、来週の月曜日に人事部で受け取ることができます。
(A) 受け取る
(B) 続ける　※「進行中の on」
(C) 似ている　※「〜の後を追って (after) 遺伝子をとる (take)」
(D) 見つけ出す

問題

Since Ms. Holt had already finished reviewing all of the résumés she had received, she offered to help Mr. Wolfe ------- for his interviews.

(A) preparation
(B) prepares
(C) preparing
(D) prepare

ここで
解く！

Since Ms. Holt had already finished reviewing all of the résumés she had received, **she offered to help Mr. Wolfe ------- for his interviews.**

核心 27 help の語法

動詞の語法問題です。英文全体は、Since sv, SV. の形です。主節は、she offered to help が SV で、この動詞 help に注目してください。help は以下の形を考えます。

```
【help の語法】
① help 人 (to) 原形     ※ to は省略可能。
② help 人 with 物
```

特に to が省略された、"help 人 原形"「人 が～するのを手伝う」の形が狙われます。今回もその形で、動詞の原形 (D) prepare「準備する」が正解です。

隠れポイント27 「理由」を表す since

since は現在完了と共に使う「〜以来ずっと」という意味ばかりが有名ですが、今回は「〜だから」という意味です。

since は本来「起点」を表し、「ある一時点を起点にして」→「〜以来」、「ある動作を起点にして」→「〜だから」という2つの意味が生まれました。

ちなみに、because と since の違いが TOEIC で問われることはありませんが、参考までに説明しておくと、because は主に理由を強調したい（新情報を伝えたい）ときに使うことが多いです。それに対して、since は明らかな理由（旧情報）のときに使います（そのため Why の返答や強調構文には使えません）。オーバーに言えば、because は「なんとビックリ〜だから」、since は「ご存じの通り〜だから」というイメージです。

また、「理由」を示す since は旧知の情報なので、前提として使われることが多く、まず前提を述べる、つまり文頭にくる形（Since sv, SV. の形）が多いです。

語句

□ **finish -ing** 〜するのを終える
□ **review** 精査する
□ **résumé** 履歴書
□ **offer to do** 〜することを申し出る
□ **prepare for ~** 〜の準備をする
□ **interview** 面接

正解 D

Holt さんは受け取った履歴書の精査をもうすべて終わらせたので、Wolfe さんの面接準備の手伝いを申し出た。
(A) 名 準備
(B) 動「準備する」の3人称単数現在形
(C) 動 の -ing 形
(D) 動 の原形

問題

America on Wheels magazine sends subscribers a renewal notice by e-mail one month before ------- subscription expires.

(A) their
(B) them
(C) they
(D) themselves

ここで
解く！

America on Wheels **magazine sends subscribers a** renewal **notice** by e-mail **one month before**
------- subscription expires.

🎯 核心 28 　名詞を修飾するのは？②

代名詞の判別がポイントです。空所直前に before があります。before は前置詞と接続詞の用法がありますが、今回は接続詞です。というのも before 以下に動詞 expires があることから、-------subscription が s、expires が v になるとわかるからです（接続詞の後ろには sv がくる）。

空所は直後の「名詞（subscription）を修飾する」と考えられます。選択肢を見ると、代名詞の変化で、**名詞が後ろにくるのは所有格の** (A) their「彼らの」です。before their subscription expires「彼らの定期購読の期限が切れる前に」となります。

ちなみに、英文全体は SV before sv. の形で、主節は "send

人 物 "「人 に 物 を送る」になっています。

隠れポイント 29　one month が before の範囲を限定する

Part 3　Part 4　Part 7

この手の問題はいきなり「before に注目」と言われてしまいますが、one month before を正確に理解できず、ここで混乱する人も多いのです。

そもそも単に before「〜の前」だけだと、1 日前なのか、1 カ月前なのか、はたまた 1 年前なのかわかりません。そこで、**before の直前に語句を置いて「どれくらい前なのか、before の範囲を限定する」**わけです。今回は one month を置くことで、<u>one month before 〜「〜の 1 カ月前に」</u>としています。こういう構造がわかると、リスニングでも混乱しなくなりますよ。

ちなみに、こういった購読期限の話は Part 7 でもよく出ます。そのときに使われるのが、expire「終わる・期限が切れる」です。よく「インスパイアされる」のように使われる、動詞 inspire は、「人の中に（in）息を吹き込む（spire）」→「ひらめきを与える」です。これに関連して expire は「外に（ex）息を吐く（spire）」→「（息を吐き尽くして）終わる・期限が切れる」と考えてください。

語句

- □ **subscriber** 定期購読者
- □ **renewal notice** 更新通知
- □ **subscription** 定期購読
  ※**動** subscribe「定期購読する」も重要。
- □ **expire** 期限が切れる
  ※**名** expiration「終了・満期」も重要。

正解　A

America on Wheels 誌は定期購読者に、購読の期限が切れる 1 カ月前にメールで更新通知を送ります。
(A) 所有格
(B) 目的格
(C) 主格
(D) 再帰代名詞

問題

------- of Paul Fischer's research assistants was interviewed for the documentary.

(A) Their own
(B) Each
(C) All
(D) Other

ここで
解く！

------- of Paul Fischer's research assistants **was interviewed** for the documentary.

核心 29　each は「単数扱い」

「品詞」と「SV の一致」がポイントです。先頭から英文を見ていくと、was interviewed という V が見つかるので、その前の ------- of Paul Fischer's research assistants が S となります。

V の was に注目して、空所には S になる「単数扱いする名詞」が入ると考え、(B) Each「それぞれ・1 人 1 人」を選べば OK です。each は複数を含意しますが、「1 つずつ」を意識する単語で、単数扱いするのが決まりです。

(A) Their own は「所有格」なので S にはなれません。直後に名詞が必要で、"Their own ＋名詞" の形になるはずです（own は強調のためにつけるので、なくても OK）。

(C) All「全部」は、"All of 複数名詞"（ここでは assistants）であれば、当然「複数扱い」しないといけないので NG です。

(D) Other「他の」は形容詞です（others「他人」なら名詞の働きで S になれますが、複数扱いです）。

隠れポイント 29　3 つの "e-" は「単数扱い」

each のように「意味は複数だけど、単数扱いするもの」は他に、each・every・either があります。すべて頭文字が e なので、「3 つの "e-" は単数扱い」と覚えてください。every は、every day でおなじみです（day が単数扱いですね）。

ちなみに発展事項ですが、each や either には形容詞と代名詞の用法があります。今回の Each of Paul Fischer's research assistants「Paul Fischer さんの研究助手の 1 人 1 人」は、each が「代名詞」として使われていました（名詞と同じ働きなので、Each が S になっている）。

一方、every だけは（「単数扱い」という点は共通していますが）、代名詞の用法が存在しません（every は形容詞）。そのため、（×）every of Paul Fischer's research assistants のように使うことはできません。850 点以上を狙う人は必ず押さえておきましょう。

語句

□ **research** 研究
□ **interview** インタビューする
□ **documentary**（映画・テレビなどの）ドキュメンタリー

正解 B

Paul Fischer の研究助手の 1 人 1 人が、ドキュメンタリーのためにインタビューを受けました。
(A) 彼ら自身の
(B) 代 1 人 1 人
(C) 代 全員
(D) 形 他の

問題

Entries for this year's T-shirt design contest must be ------- by an official entry form.

(A) accompanied
(B) accompaniment
(C) accompanies
(D) accompanying

ここで
解く！ ▷ **Entries** for this year's T-shirt design contest **must be ------- by** an official entry form.

◎ 核心 30　　| メイン | is accompanied by | サブ |

空所前後の must be ------- by の形に注目して「受動態」と考え、(A) accompanied を選べば OK です。accompany は「伴う」という意味で、**受動態 be accompanied by ~ で「~によって伴われる・~が添付される」**となります。ただ、この訳語だけではピンとこないケースも多いので、次の発想も知っておくといいでしょう。

基本形："| サブ | accompany | メイン |"「| サブ | は | メイン | に伴う」
受動態："| メイン | is accompanied by | サブ |"「| メイン | に | サブ | がつく」

今回も「エントリーに応募用紙がつくのがマストですよ」という意味がとれれば十分でしょう。

be followed by をマスター

accompany と同じように、受動態でよく使われるのに多くの人が苦手なのが follow です。follow「追いかける」は、"後 follow 先." で使われます。たとえば、Wine followed the food. なら「Wine が後、the food が先に出てきた」→「ワインは食後に出た」となります。

このわかりにくさを嫌ってか、follow は受動態 be followed by ~ が頻繁に使われます。これを「～に追いかけられる」と訳す時間はTOEIC 本番ではありませんね（特にリスニングでは）。

これを受動態にすれば、"先 is followed by 後." の形でスッキリとします。

> The food was followed by wine.　食事の後に、ワインが出てきた。
> 食事　　　　　→　　　ワイン

つまり、be followed by が出てきたら、「追いかけられる」などと訳してその順番を考えるのではなく、シンプルに左から右の矢印で「先→後」と考えれば OK なんです。

正解　A

今年のTシャツデザインコンテストへのエントリーには、公式の応募用紙の添付が必要です。
(A) 動「伴う」の過去形・過去分詞形
(B) 名 伴うもの
(C) 動 の3人称単数現在形
(D) 動 の -ing 形

語句

☐ entry エントリー・参加
☐ entry form 応募用紙・エントリーフォーム

語法は「型」で一網打尽

導入問題（13 ページ）に出てきた warn とその仲間の動詞は、「型」で整理できます。代表格の動詞として、tell を筆頭に「tell 型の動詞」と呼びましょう。以下の表の色文字部分だけを覚えれば、「基本の型 3 つ× tell 型の動詞 7 つ」で多くの語法を一気にマスターできます。

【tell 型の動詞】

型 動詞	V 人 of ~	V 人 that ~	V 人 to *do*
tell 伝える	tell 人 of ~	tell 人 that ~	tell 人 to *do*
remind 思い出させる	remind 人 of ~	remind 人 that ~	remind 人 to *do*
convince 納得・確信させる	convince 人 of ~	convince 人 that ~	convince 人 to *do*
persuade 説得する	persuade 人 of ~	persuade 人 that ~	persuade 人 to *do*
warn 警告する	warn 人 of ~	warn 人 that ~	warn 人 to *do*
inform 知らせる	inform 人 of ~	inform 人 that ~	~~inform 人 to do~~
assure 保証する	assure 人 of ~	assure 人 that ~	~~assure 人 to do~~

厳密には、（×）inform[assure] 人 to *do* という形は存在しないのですが、そこまで細かいことは問われないので、21 個の語法があるつもりで（実際は 19 個ですが）チェックするといいでしょう。

なお、これらの動詞はすべて「tell の意味（伝える）」がベースになります。remind「思い出させる」も convince「納得・確信させる」も「伝える」ことで生じる意味ですよね。Part 7 でこの動詞を見かけたときも、もし意味がピンとこなければ、「伝える」で考えてみてください。スッと理解できるはずですよ。

Chapter **2**

進化が加速する
30問

031. At a press conference yesterday, Ms. Fowler formally announced that the headquarters ------- to Minnesota.

(A) relocates
(B) will relocate
(C) relocate
(D) relocation

032. Mr. Bowen reminded the sales team to tidy up the office by putting everything back where it -------.

(A) belongs
(B) belonging
(C) belongings
(D) belong

033. By the time the play closes in December, sixty-eight audiences ------- it performed.

(A) will have seen
(B) are seen
(C) were seeing
(D) had seen

034. Video King has requested that all DVDs ------- returned before the company moves to a new location in June.

(A) will be
(B) be
(C) are
(D) are being

035. It is imperative that a supervisor be informed immediately ------- any equipment malfunction.

(A) within
(B) beyond
(C) of
(D) that

036. When using a headset, position the mouthpiece in front of the mouth and speak directly into -------.

(A) it
(B) other
(C) its
(D) them

解答・解説 ▶ p.090-101

問題

At a press conference yesterday, Ms. Fowler formally announced that the headquarters ------- to Minnesota.

(A) relocates
(B) will relocate
(C) relocate
(D) relocation

ここで
解く！

At a press conference yesterday, Ms. Fowler formally announced that the headquarters ------- to Minnesota.

核心 31　時制の一致は絶対のルールではない

「時制」がポイントです。announce that ~「～と発表する」の形で、接続詞 that 節の後には、the headquarters が s、空所に v がくると考えます。動詞が入るわけですから、名詞の (D) relocation は即アウトだとわかりますが、残った選択肢では、(A) relocates と (C) relocate が現在形、(B) will relocate が未来の表現です。

「本社がミネソタ州に（これから）移転することを発表した」という文脈が自然なので、未来を表す (B) will relocate が正解です。
主節の動詞が過去形（announced）なので、「時制の一致」が浮かんだ人もいるかもしれませんが、そのルールは絶対ではありません。「アナウンスした」のが過去で announced になる、「移転する」のは未来なので will relocate になる、と動詞ごとに考えてください。

また、「ここでは現在形が不自然」という消去法でも解けます。現在形は「現在・過去・未来」すべてに当てはまることに使います。たとえば、I go to school. は「私は昨日も今日も明日も学校に行きます」→「私は学生です」という意味です。

もしここで現在形 relocate を入れると、「本社が（昨日も今日も明日も常に）移転するものだ」となってしまいます。

隠れポイント 31 「確定した未来に使う現在形」の正体

TOEIC で狙われる「現在形の発想」をフォローしておきましょう。The train arrives at eight. は、文法書では「確定した未来を表すときに使われる現在形」と説明されますが、一体何をもって「確定」なのかはっきりしませんよね。実はこれも「その電車は（昨日も今日も明日も）8 時に到着する」と考えればいいだけです。このように「公的なスケジュール」には現在形が使われることがあります。

さらにこの考え方で、What do you do?「お仕事は何？」という会話表現もマスターできます（Part 2 で頻出）。What do you do? は現在形（過去形なら What did you do?）なので、「あなたは（昨日も今日も明日も）何をしますか？」→「あなたのお仕事は何？」となるだけなのです。

語句

☐ **press conference** 記者会見
☐ **formally** 正式に
☐ **headquarters** 本社・本部
☐ **relocate to ~** ～に移転する
　※「再び（re）別の場所に置く（locate）」→「移転する・移転させる」。

正解　B

Fowler 氏は昨日の記者会見で、本社がミネソタ州に移転することを正式に発表しました。
(A) 動「移転する」の 3 人称単数現在形
(B) 動 の未来を表す形
(C) 動 の原形
(D) 名 移転

問題

Mr. Bowen reminded the sales team to tidy up the office by putting everything back where it -------.

(A) belongs
(B) belonging
(C) belongings
(D) belong

ここで
解く！　Mr. Bowen reminded the sales team to tidy up the office by putting everything back **where it -------.**

◎ 核心 32　SV を把握する②

動詞の形を問う問題です。空所には（直前の s の it に対する）v が入ります。主語は it なので「3 単現の s」がついた (A) belongs「ある・所属する」が正解です。

なお、it が指すのは everything です（everything は単数扱いなので it で受ける）。where it belongs「すべてのものがあるところ」が直訳となります。

動詞が (A) belongs と (D) belong しかないので（共に現在形）、本番ではこれ以上考える必要はないのですが、主節は過去形（reminded）なのに、it belongs という「現在形」になっていますね。ここでも時制の一致は起きていません。

現在形は「昨日も今日も明日も起こること」に使うのが本質なので、「it が belong する」→「すべてのものが（昨日も今日も明日も）属する・ある」という意味になります。「過去はもちろん、今現在も、明日以降もそこにある」ことを含意しているわけです。

※ちなみに belong は「所属する」の意味ばかりが有名ですが、元々は「（本来の場所に）ある」という意味です。

ちなみに、今回の英文は "remind 人 to *do*" の形です。remind は「tell 型動詞」でしたね（86 ページ「必殺技 1」）。

隠れポイント 32 接続詞の where

空所の前に put ~ back「～を戻す」があり、その後に、接続詞 where「～する場所に」がきています。

「接続詞の where なんて聞いたことがない」という人も多いのですが、英語を学んでいると、接続詞 where を使った、以下のことわざをよく見かけます。

Where there's a will, there's a way.
意志があれば、道は見つかる（精神一到何事か成らざらん）。

when「～するときに」という「時を表す接続詞 when」に対して、「場所を表す接続詞 where」があったって不思議ではありませんよね。

語句

- □ **remind 人 to *do*** 人に～することを思い出させる
- □ **sales team** 販売チーム・営業チーム
- □ **tidy up** きれいに片づける
- □ **where it belongs** 元あったところ（に）

正解 A

Bowen 氏は、すべてのものをあったところに戻してオフィスをきれいに片づけるように販売チームに念押ししました。

(A) 動「所属する」の 3 人称単数現在形
(B) 動 の -ing 形
(C) 名 所有物
(D) 動 の原形

問題

By the time the play closes in December, sixty-eight audiences ------- it performed.

(A) will have seen
(B) are seen
(C) were seeing
(D) had seen

ここで
解く！

By the time the play closes in December, sixty-eight **audiences** ------- it performed.

核心 **33**　**主節では「未来のことは未来の形のまま」**

「接続詞」と「時制」がポイントです。先頭の By the time が従属接続詞なので、英文全体は "By the time sv, SV." 「sv するまでには SV だ」の形になります。

By the time the play <u>closes</u> in December では「現在形」が使われています。これは「時・条件を表す副詞節の中では、未来のことでも現在形」というルールでした（問題 006）。

この場合、「**副詞節の外（主節）では未来のことは未来の形**」なので、未来の表現である、(A) will have seen が正解です。

隠れポイント 33 完了形のイメージ

現在完了形（have p.p.）は、「継続、完了・結果、経験」の区別よりも、実際には「どの用法であれ、過去〜現在を表す時制」というざっくりしたイメージが重要だと解説しました（問題008）。

未来完了形（will have p.p.）は、**時の基準を未来の一点に平行移動しただけ**です。ついでに過去完了形（had p.p.）は過去の一点が基準になったものです。

【完了形のイメージ】

had p.p. ゾーン　　have p.p. ゾーン　　will have p.p. ゾーン

大過去　　　過去　　　現在　　　未来

それぞれのゾーンでの出来事だと意識することが大事です。たとえば今回の英文であれば、「劇が終わる12月」という「未来の一点」までに、「多くの人が観覧する」ことが完了することを表すので、未来完了形が使われています。

seen it performed の部分は、"知覚動詞 see O p.p."「O が〜されるのを見る」→「それ（劇）が上演されるのを見る」ということです。

語句

☐ **play** 劇
☐ **audience** 観衆　※集合的に「観衆の人たち」を指すので、sixty-eight audiences は「<u>68セットの観衆陣</u>」（公演1回のaudience が1000人なら、1000人 × 68回 = 68000人）。
☐ **perform** 上演する

正解　A

その劇が12月に千秋楽を迎えるまでに、68回もの公演が行われる予定です。
(A) 未来完了形
(B) 受動態
(C) 過去進行形
(D) 過去完了形

問題

Video King has requested that all DVDs -------
returned before the company moves to a new
location in June.

(A) will be
(B) be
(C) are
(D) are being

ここで
解く！

Video King has requested that all DVDs -------
returned before the company moves to a new
location in June.

核心 34　命令動詞の語法

request の語法がポイントです。"request that s 原形" 「sv するこ
とを要求する」の形を考え、動詞の原形 (B) be を選べば OK です。
これは「提案・主張・要求・命令・決定を表す動詞の後の that 節
内では "should 原形" か、原形 がくる」というルールです。

【命令動詞の語法】
提案：suggest / propose「提案する」、recommend「勧める」
主張：advocate「主張する」
要求：insist / request / require / demand「要求する」
命令：order / command / urge「命じる」
決定：decide / determine「決定する」

確かにこれを丸暗記すれば解けるのですが、ここでは本質から解説してみましょう。まず「提案・主張…」と覚える必要はありません。その代わり、すべて「命令の意味がベースになっている」と認識してください。

suggest「提案する」は「優しい命令」、decide「決定する」は「度がすぎた命令」にすぎません。そこでこの本では「命令動詞」とまとめます。

次に、"should 原形" の形は TOEIC では問われないので割愛します。出るのは 原形 のほうです（世間では「should が省略される」と教えられますが、英語に助動詞が省略されるルールなどありません。これは完全にこじつけです）。現実には「**命令動詞がきたら、that 節の中でも命令形＝原形がくる**」というだけの現象です。

隠れポイント34 命令動詞の問題でのひっかけパターン

上記のルールを知っている人でも、この問題にひっかかる人は多いと思います。というのも、今回は 原形 の部分に be がきているからです。that 節内が受動態（be p.p.）になるパターンでは、英文の途中でいきなり be が出てくることに慣れていないと、不自然だと感じてミスしてしまう人が多いのです。TOEIC では、この "S 命令動詞 that s be p.p." の形がよく狙われます。

正解 B

Video King は、6 月に会社が新しい場所に移転する前に、DVD をすべて返却するように求めています。

(A) 未来を表す形
(B) 原形
(C) 現在形
(D) 受動態の現在進行形

語句

☐ **return** 返却する
☐ **move to ~** ～に移転する
☐ **location** 場所

問題

It is imperative that a supervisor be informed immediately ------- any equipment malfunction.

(A) within
(B) beyond
(C) of
(D) that

ここで
解く！　　It is imperative that a supervisor be informed immediately ------- any equipment malfunction.

核心 35　inform がとる形

動詞の語法がポイントです。that 節内は、a supervisor が s で、be informed が v です。

inform の使い方は、tell 型でした（86 ページ「必殺技 1」）。"inform 人 of 物"「人 に 物 を知らせる」、"inform 人 that sv"の形をとります。ここでは受動態なので、"人 is informed of 物"か、"人 is informed that sv"の形になるはずです。

空所直後は名詞（any equipment malfunction）なので、(C) of が正解です。今回は informed と of の間に immediately「すぐに」が入っています。immediately は副詞なので、形のうえでは無視して考えます。

隠れポイント35 命令的な形容詞の語法

ところで、a supervisor <u>be</u> informed のところに違和感があった人も多いと思います。

英文全体は、It is imperative that sv の形ですが、be となる原因は imperative「必須の・必要な」という形容詞です。「重要・必要・理想」などの意味を持つ形容詞は、「命令的なニュアンス」を根底に持ちます。たとえば「必要だ」というからには、「まだその状況が実現されていないから、あえて必要だ」という、命令的なニュアンスを持つのです。

今回の英文では、**命令的な形容詞 imperative が使われているので、that 節内では（命令動詞のときと同様に）「原形（be）」が使われている**のです。このような使い方をする「命令的な形容詞」を以下でチェックしておきましょう。

【命令的な形容詞：重要・必要・理想のニュアンス】
□ important / crucial / vital / essential「重要な」
□ necessary / indispensable / imperative「必要な」
□ compulsory「義務的な」
□ urgent「急を要する」
□ advisable / desirable / preferable「望ましい」

語句

□ **supervisor** 監督・管理者
□ **immediately** すぐに
□ **equipment** 設備
□ **malfunction** 不調・故障

正解 C

どんな設備の不調も、すぐに監督に連絡がいくようにしなければなりません。
(A) 前 ～以内に
(B) 前 ～を超えて
(C) (inform 人 of 物 で) 人に物を知らせる
(D) (inform 人 that sv で) 人に sv だと知らせる

問題

When using a headset, position the mouthpiece in front of the mouth and speak directly into -------.

(A) it
(B) other
(C) its
(D) them

ここで
解く！

When using a headset, **position the mouthpiece** in front of the mouth **and speak** directly **into** -------.

🎯 核心 36 mouthpiece を受ける代名詞は？

「代名詞の判別」がポイントです。前置詞 into の直後なので、名詞（代名詞）が入ると予想して選択肢を見ます。(B) other は単独では代名詞として使えず、形容詞になるのでしたね（問題 029）。(C) its は it の所有格なので、直後に名詞が必要です。

(A) it と (D) them は、どちらも前に出てきた名詞を受けることができる「代名詞」で、その違いは「単数か、複数か」ですね。空所には、the mouthpiece「送話口」を受ける代名詞が入ると考え、(A) it を選べば OK です。

ちなみに前置詞 into は、本来「突入（〜の中に入っていく）」を表し、go into the building「その建物の中に入る」などでおなじみです。

今回の speak directly into it(= mouthpiece)「それ（送話口）に向かって直接話す」も、「声が送話口の中に入っていく」イメージです。speak directly into the microphone「マイクに向かって直接話す」のように使われます。

隠れポイント 36 position の品詞は？

英文全体は、"When ~, 命令文." という形になっています（When の後に you are の省略）。主節（コンマ以降）は命令文なんです。つまり position は動詞の原形です。

position は名詞「位置・役職」でよく使われますが、**動詞で「（その位置に）置く」という意味**もあります。ただ、仮に position の動詞の用法を知らなくても、直後に名詞（the mouthpiece）が続いていることから「この position は動詞なんじゃないか？」と予想できることが大事です。

そして and の直後に動詞 speak があるので、以下の構造からも、position が動詞だと判断することができます。このような力は、本番で知らない単語の品詞を予想するときに大きな武器になります。

【and の構造】

~ , position the mouthpiece in front of the mouth
and
　　 speak directly into -------.

語句

☐ **headset** ヘッドホン・ヘッドセット

☐ **mouthpiece** 送話口・受話器

☐ **in front of ~** ～の前に

☐ **directly** 直接

正解　A

ヘッドホンを使うときは、送話口を口の前に持ってきて、そこに向かって直接話してください。
(A) 代 それ
(B) 形 他の
(C) 代 「それ」の所有格
(D) 代 それらを・に

101

037. For security reasons, only ------- personnel can access the client database.

(A) authorize
(B) authorizes
(C) authorized
(D) authorizations

038. ------- the warranty period for your mixing console, please complete the registration form on Instraudo Company's Web site.

(A) Extend
(B) To extending
(C) Extension
(D) To extend

039. Among the ------- charms of Battenhurst Hotel is its splendid mural from the 17th century.

(A) much
(B) either
(C) every
(D) many

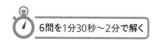

040. Most medical professionals agree that walking thirty minutes a day is ------- to one's health.

(A) benefited
(B) beneficially
(C) benefits
(D) beneficial

041. Approximately 450 consumers sampled Desfina Food's new cheese snacks at supermarkets ------- their launch.

(A) instead of
(B) prior to
(C) in case of
(D) according to

042. Backloud is a new service that provides a secure way ------- data online.

(A) stored
(B) store
(C) to store
(D) stores

解答・解説 ▶ p.104-115

問題

For security reasons, only ------- personnel can access the client database.

(A) authorize
(B) authorizes
(C) authorized
(D) authorizations

ここで
解く！　For security reasons, only ------- personnel can access the client database.

🎯 核心 37　名詞を修飾する過去分詞

品詞問題です。only ------- personnel が S で、can access が V です。空所は直後の名詞 personnel「職員」を修飾していると考えます。選択肢の中で**名詞を修飾するのは、形容詞（過去分詞）の (C) authorized「権限を与えられた」**だけです。only authorized personnel「権限を与えられた職員だけ」が S になります。

問われていることは単純でも、authorized のような難しめの単語になるとミスが増えます。しかしこの単語は TOEIC では必須なので、しっかりチェックしておきましょう。

まず、よく知られている author「著者」という単語は、本来「生み出す人」という意味です。そして authority は「生み出す人」→「（あ

る分野における）第一人者・権威」となりました。

authority の動詞形が authorize で、「権威・権限（authority）を与える」です。"authorize 人 to *do*"「人 に〜する権限を与える」の形があり、受動態 "人 is authorized to *do*"「人 は〜する権限が与えられている」でも使われます。

> Mr. Takahashi is authorized to sign contracts on behalf of the company.
> Takahashi さんは会社を代表して契約にサインする権限があります。

今回正解になった authorized は、この動詞 authorize「権限を与える」の過去分詞で、「権限を与えられた・公認の」を表します（よく使われるので辞書には形容詞として載っていることが多いです）。

隠れポイント37　見間違えやすい personnel

空所直後の名詞 personnel「職員」を、形容詞 personal「個人の」と見間違えて混乱する人が多いと思います。

実はこの2つの単語は語源が同じで、personnel は「個人・みんな」→「職員」と変化しました。person<u>al</u> より perso<u>nnel</u> のつづりが長いので、「つづりが多いほうが人がたくさん」→「職員」と考えるのもアリかもしれません。

語句

- □ **security** 防犯・安全
- □ **access** アクセスする・接続する
- □ **client** 顧客
- □ **database** データベース

正解　C

防犯上の理由から、権限を与えられた職員しか顧客データベースにアクセスすることができません。
(A) 動「権限を与える」の原形
(B) 動 の3人称単数現在形
(C) 動 の過去形・過去分詞形
(D) 名「権限付与」の複数形

問題

------- the warranty period for your mixing console, please complete the registration form on Instraudo Company's Web site.

(A) Extend
(B) To extending
(C) Extension
(D) To extend

ここで
解く！

------- the warranty period for your mixing console, please complete the registration form on Instraudo Company's Web site.

核心 38 "To ~, 命令文." の形

後半は please で始まる「命令文」です。ここが主節となります（命令文なので、当然 S は省略されています）。

後ろに主節があるということは、**前半部分は「余分なもの」→「副詞のカタマリ」**と考えます。副詞のカタマリを作るものは、(D) To extend「～を延長するために」だけです（不定詞の副詞的用法）。

ちなみに、warranty period は「保証期間」という意味で、TOEIC 頻出です。period は、本来「一定期間」という意味で、「しばらくの期間に区切りをつける」→「ピリオド（終止符）」になりました。

【多義語 period 核心：一定期間】
①期間・時代　　②終止符・ピリオド

さらに、この period から派生した、periodical も TOEIC 重要単語です。これは「一定期間に出てくるもの」で、そこから、形容詞で「定期刊行の」、名詞で「定期刊行物・雑誌」という意味になります。

隠れポイント 38　リスニングでも大事な命令文

ここまではどの対策本でも説明されるのですが、この本で対策をしているみなさんには、この、"To ~, 命令文 ."「～するためには…してください」という形をしっかり意識してほしいと思います。

この形は TOEIC ではとても重要で（今回のように、Part 5 で直接問われることもある）、Part 4 のアナウンス問題などで、解答のキーになることが非常によくあります。

命令文である以上、何かしら「大事なこと」を命令しているわけですから、当然設問で狙われるのです。「リスニングで命令文が出てきたら、それで 1 問ゲットできる」とさえ言えるでしょう。

語句

- □ **extend** 延長する
- □ **warranty** 保証
- □ **mixing console** ミキシング・コンソール（音声を加工・編集する機械）
- □ **complete** 記入する・完成させる
- □ **registration** 登録
- □ **form** フォーム・記入用紙

正解　D

ミキシング・コンソールの保証期間を延長するためには、Instraudo 社のホームページ上にある登録フォームに入力してください。
(A) 動「延長する」の原形
(B) 前 to + 動 の -ing 形
(C) 名 延長
(D) 動 の to 不定詞

問題

Among the ------- charms of Battenhurst Hotel is its splendid mural from the 17th century.

(A) much
(B) either
(C) every
(D) many

ここで
解く！   Among the ------- charms of Battenhurst Hotel is its splendid mural from the 17th century.

核心 39 many vs. much

適切な形容詞を選ぶ問題です。the ------- charms の形から、空所には直後の名詞（charms）を修飾する形容詞が入ると考えます。charms と複数形になっているので、「可算名詞（数えられる名詞）」を修飾する (D) many「多くの」が正解です。

(A) much は「不可算名詞」を修飾します（後ろには数えられない名詞がくるので、複数の s がついた charms はありえないわけです）。(B) either と、(C) every の後ろには「単数名詞」がくるのでアウトです。3 つの "e" は単数扱いでしたね（問題 029）。

隠れポイント39 　SVC の倒置

今回の問題は空所の前後だけで解けてしまいましたが、それで終わらせないのがこの本の特長です。

文頭の Among は前置詞です。前置詞のカタマリは絶対に主語にならないので、普通は Among ~, SV の形を予想するのですが、予想が裏切られます。ぜひここで問題文に戻って考えてみてください。

＊＊＊

種明かしをしてよろしいでしょうか？ Among ~, SV の形を予想したものの、Among のカタマリ（Among the ------- charms of Battenhurst Hotel）の後に出てきたのは、is という V です。左側にない S は、当然右側にあるはずなので、is の右にある名詞（its splendid mural from the 17th century）を S と考えます。

これは本来 Its splendid mural from the 17th century is among the ------- charms of Battenhurst Hotel. という SVC（第 2 文型）の文でした。SVC においては、S = C が成り立ちます。そこでこの左右を入れ替えた CVS という形もあり（「倒置」と呼ばれるものです）、今回がそのパターンなのです。意味自体は、元の文から考えてもいいですし、前から「～の間にあるのは・～の一つは壁画だ」としても OK です。

語句

□ **be among ~** ～のうちの一つ
　　※ among「間」が be の後にくるとこの意味になる。

□ **charm** 魅力

□ **splendid** 壮大な・立派な

□ **mural** 壁画　※ TOEIC で地味によく出る単語なので必ずチェック。

正解 D

たくさんある Battenhurst ホテルの魅力の一つに、17 世紀から残っている壮大な壁画があります。
(A) 形 多くの（後ろは不可算名詞）
(B) 形 どちらかの
(C) 形 あらゆる
(D) 形 多くの（後ろは可算名詞）

問題

Most medical professionals agree that walking thirty minutes a day is ------- to one's health.

(A) benefited
(B) beneficially
(C) benefits
(D) beneficial

ここで
解く！　Most medical professionals agree that **walking thirty minutes a day is ------- to one's health.**

核心 40　be 動詞の後は「形容詞」を予想

品詞問題です。agree that ~「~で意見が一致する」の形で、that 節の中は walking thirty minutes a day が s（動名詞が主語を作っています）、is が v なので、空所には c が入ると予想します。

以上から、形容詞の (D) beneficial「有益な」を選んで、be beneficial to ~「~にとって有益な」とすれば OK です。

隠れポイント 40　"a" にもいろんな意味がある

この問題は空所直前の is だけで正解できてしまいますが、その前にある walking thirty minutes a day で混乱した人もいるかもしれません。

これは「1 日につき 30 分歩くこと」という意味で、a 自体は「〜につき」という意味です。

a の文法的に重要な意味は以下の通りですが、どれも**本来の「たくさんある中の 1 つ」**から考えれば OK です。

【"a" の意味　核心：「たくさんある中の 1 つ」】
① 「ある 1 つ」　in a sense「ある意味において」
② 「〜につき」　once a week「1 週間につき 1 回」
③ 「いくらか（のカタマリ）」　Just a moment.「ちょっと待って」

---

① 「ある 1 つ」
「たくさんある中の 1 つ」→「ある○○」となりました。in a sense は「（たくさんある意味の中の）1 つの意味で言うと」→「ある意味」ということです。

② 「〜につき」
1 つずつを意識していくうちに、「1 つの」→「1 つにつき」となりました（per「〜につき」と同じ意味です）。

③ 「いくらか（のカタマリ）」
「1 つのカタマリ」→「いくらかのカタマリ」を示すこともあります。必ずしも「1」である必要はありません。Just a moment.「ちょっと待って」では、a moment「少しの間・一瞬」となっています。

語句

□ **medical** 医療の
□ **professional** 専門家
□ **agree** 同意する・意見が一致する
□ **be beneficial to ~** 〜にとって有益だ・〜のためになる

正解　D

ほとんどの医療専門家が、1 日に 30 分歩くことは人の健康にとってプラスであるという意見で一致している。
(A) 動「利益を与える」の過去形・過去分詞形
(B) 副 有益に
(C) 動 の 3 人称単数現在形
(D) 形 有益な

問題

Approximately 450 consumers sampled Desfina Food's new cheese snacks at supermarkets ------- their launch.

(A) instead of
(B) prior to
(C) in case of
(D) according to

ここで
解く！

Approximately 450 **consumers sampled** Desfina Food's new **cheese snacks** at supermarkets ------- their launch.

核心 41 「〜より前に」を表すには？

文脈に合う前置詞を選ぶ問題です。まず英文の構造ですが、approximately は about と同じ意味で、直後の 450 を修飾します。Approximately 450 consumers が S、sampled が V です。

この sample は「**試食する**」という意味です。「サンプルを作って試してみる」→「試食する」と考えてください。

選択肢はすべて前置詞表現なので、空所直後にくる名詞（their launch）との兼ね合いを十分に考えてください。ちなみに their launch は「スナックの発売」です。

正解は (B) prior to ~「〜より前に」で、「スナックを発売前に試食した」とするのが適切です。

prior の名詞形 priority「優先」は、日本語でも「プライオリティが高い」などと使われていますね。

prior to ~ はよく出る熟語なので、このまま丸暗記するのがいいですが、詳しく理解しておきましょう。この to は「〜より」という意味で、「ラテン比較級」の一種なんです。

ラテン比較級とは、ローマ帝国の公用語だった「ラテン語」を起源にした熟語です。つづりは "-or" で終わるものがほとんどで、比較級の意味を内在しており、比較対象には than ではなく to を使うのが特徴です。prior to ~ 以外で重要なものをチェックしておきましょう。

【prior to ~「〜より前に」以外のラテン比較級の重要語】
①優劣：be superior to ~「〜より優れている」/ be inferior to ~「〜より劣っている」
②年齢：be senior to ~「〜より年上」/ be junior to ~「〜より年下」
③好み：prefer A to B「B より A が好き」/ be preferable to ~「〜より好ましい」
※単語そのものに「より〜」という意味が含まれているので more は不要。

語句

☐ **approximately** およそ

☐ **consumer** 消費者

☐ **launch** 発売・開始 ※本来は「ロケットを打ち上げる」。それがビジネスに転用され、「新規事業を始める」≒「別の業界にロケットを打ち込む」→「売り出す・開始する／発売・開始」となった。

正解	B

およそ 450 人の消費者が Desfina Food から新しく出るチーズスナックを発売前にスーパーマーケットで試食しました。
(A) 前 〜の代わりに
(B) 前 〜より前に
(C) 前 〜の場合に備えて
(D) 前 〜に従って・〜によると

問題

Backloud is a new service that provides a secure
way ------- data online.

(A) stored
(B) store
(C) to store
(D) stores

ここで
解く！　Backloud is a new service that provides **a secure
way ------- data** online.

核心 42　a way to *do*「～する方法」

a secure way ------- data online で、空所直前に名詞 way、空所直後
に data という名詞があることから、「その2つの名詞をつなげるもの」
を考えます。

その視点から、(C) to store を選びます。これは不定詞の形容詞的用
法で、a secure way to store data online「データをオンライン上に保
管するための安全な方法」となります。

a way to *do*「～する（ための）方法」の形はよく使われるので、
しっかり理解しておいてください。この用法では、関係副詞（when・
where・why・how）の先行詞になるような名詞（時・場所・手段）

がよく使われます。「なんか形容詞的用法とか面倒くさいな」と思う人は、特に次の表現をチェックしておきましょう。

【形容詞的用法の不定詞を伴う重要表現】
①時：time to *do*「～する時間」/ chance to *do*「～する機会」
②場所：place to *do*「～する場所」
③手段：way to *do*「～する方法」

隠れポイント**42** 関係代名詞 that を見抜く

英文全体の構造ですが、Backloud が S、is が V で、a new service that ~ が C になります。ここでの that は関係代名詞で、直前の a new service を修飾しています。

このように「**文中にきて、直後に動詞がある that は関係代名詞**」という知識は、Part 7 でも役立つので必ず押さえておきましょう。「文中」というのは「先頭の That ではない」ということです。「直後の動詞」は、今回は provides があります。

関係詞節の中では a secure way ------- data online が、provides の O になっています。

語句

□ **provide** 提供する
□ **secure** 安全な・確実な
□ **way** 方法
□ **store** 保管する・保存する
　※「店（store）は商品を保管する場所」と考える。
□ **online** オンラインで・インターネット上で

正解 C

Backloud は、データをオンラインで保管するための安全な方法を提供している新しいサービスです。
(A) 過去形・過去分詞形
(B) 原形
(C) to 不定詞
(D) 3 人称単数現在形

043. Apart from Sophia Klein, all of the candidates for the pharmacist position ------- practical experience.

(A) lack
(B) lacks
(C) lacking
(D) is lacking

044. Mr. Singh decided to fix the printer ------- instead of paying for a technician from the manufacturer to come to fix it.

(A) his
(B) he
(C) him
(D) himself

045. Shulman West Limited ------- investors when it announced that future dividends will increase by 2.6 percent annually.

(A) surprises
(B) surprising
(C) surprisingly
(D) surprised

046. The annual singing competition organized by Carson Theater always features a number of accomplished -------.

(A) performs
(B) performance
(C) performers
(D) performable

047. The quality of souvenirs sold by street vendors in Floreston is ------- to that of items sold in the local shops.

(A) comparison
(B) comparably
(C) comparable
(D) comparing

048. The Dockery Park Cleanup has been rescheduled ------- next weekend because of the inclement weather.

(A) through
(B) by
(C) into
(D) for

解答・解説 ▶ p.118-129

問 題

Apart from Sophia Klein, all of the candidates for
the pharmacist position ------- practical experience.

(A) lack
(B) lacks
(C) lacking
(D) is lacking

ここで
解く！

Apart from Sophia Klein, **all of the candidates** for
the pharmacist position ------- **practical
experience.**

◎ 核心 43　S を正確につかむ

「SV の一致」がポイントです。<u>all of the candidates</u> for the pharmacist
position が S、空所に V が入ると考えます。all of the candidates は「複
数」なので、3 単現の s は不要で、(A) lack が正解となります。

(D) is lacking はそもそも動詞 is がアウトです。ちなみに lack は「進
行形」にできません（現在進行形は「〜している途中」を表すので、
「欠けている途中」という発想はおかしいですよね。「欠けている・
足りていない」という状態を表す意味とは合わないわけです）。

隠れポイント43 地味に活躍する apart from ~

文頭の Apart from ~ は「～は別にして・～以外」という前置詞表現です。from は「～から」→「～から離れて」という分離を表します。そこに apart「離れて」がくっついて、この表現が生まれました。「～を離れて置いておく」→「～は別にして」となります。

この表現は文頭にきて、Apart from ~, SV. という形になることも大事です（まさに今回の問題のポイントが SV の把握でしたね）。

さらに、リスニングでも Part 7 でも、「例外・除外」表現は解答のキーになることが多いので注意が必要です。

以下、類似表現もチェックしておきましょう。

【「例外・除外」を表す TOEIC 頻出表現】

☐ apart from ~「～以外・～を除いて」

☐ aside from ~「～を除いて・～の他に」

☐ except (for) ~「～以外・～を除いて」

☐ unless「～しない限り」 ※ unless は従属接続詞で、SV unless sv.「sv しない限り SV だ」の形で使います。SV には「原則」がきて、unless sv には「例外」がきます。

語句

☐ **candidate** 候補者・志望者

☐ **pharmacist** 薬剤師

☐ **position** 役職・地位

☐ **lack** 欠けている・足りていない

☐ **practical** 実際の・実用的な

正解 A

Sophia Klein を除いて、薬剤師の職を志望している人には全員実務経験が足りていません。

(A) 現在形

(B) 3 人称単数現在形

(C) -ing 形

(D) 現在進行形

問題

Mr. Singh decided to fix the printer ------- instead of paying for a technician from the manufacturer to come to fix it.

(A) his
(B) he
(C) him
(D) himself

ここで
解く！

Mr. Singh decided to fix the printer ------- instead of paying for a technician from the manufacturer to come to fix it.

◎ 核心 44　「強調」を表す再帰代名詞

「代名詞の判別」がポイントです。Mr. Singh decided to fix が SV、the printer が O（fix の目的語）なので、この時点で文は完成しています。

空所の後ろを見ても、instead of ~「~の代わりに・~ではなく」と続いています。この表現は副詞のカタマリを作るので、空所には文の要素として不要なものが入ります。

この場合、普通は副詞が入るのですが、選択肢を見ると代名詞が並んでいるので、**余分な代名詞を入れる**ことになります。それを踏まえると、(D) himself「彼自身で・を」が正解となります。これは S を強調する働きとなります。

隠れポイント44 「再帰代名詞」の用法

-self という形は「再帰代名詞」と呼ばれるものです。文法書では地味な扱いですが、TOEIC では 2 つの使い方が問われます。

【TOEIC で大事な再帰代名詞の用法】
① S の強調で使う　　　　　② S = O のときに O で使う

今回は①の用法が問われました。**S になる名詞の直後や文末に置かれて、S を強調します。**「（技術者に直してもらうのではなく）彼自身が直す」のように、S を強調しています。

また、②は主語が行う動作の対象（O）が「主語と同じ」場合に使われます。簡単に言えば「SVO において、S = O のときに O には -self がくる」ということです。

He drove himself to the airport.
「彼は彼自身を空港に車で送った」→「空港に車で行った」
He drove him to the airport.
「彼は（自分とは違う）男性を空港に車で送った」

語句

□ **fix** 修理する
□ **pay** お金を払う　※ pay for
　[人] to do「[人] が〜するのにお金を払う・[人] にお金を払って〜してもらう」の形。
□ **technician from the manufacturer** メーカーからきた技術者

正解　D

Singh さんは、お金を払ってメーカーの技術者に直しに来てもらうのではなく、自分でプリンターを直すことに決めました。
(A) 所有格
(B) 主格
(C) 目的格
(D) 再帰代名詞

121

問題

Shulman West Limited ------- investors when it announced that future dividends will increase by 2.6 percent annually.

(A) surprises
(B) surprising
(C) surprisingly
(D) surprised

ここで
解く！

Shulman West Limited ------- investors when it announced that future dividends will increase by 2.6 percent annually.

核心 45　surprise は「驚かせる」

「SV の把握」と「時制」がポイントです。Shulman West Limited が S、空所に V、空所直後の investors は O と考えます。V になれるのは、(A) surprises と (D)surprised です。

when 以下が it <u>announced</u> that ~ と「過去」の話なので、過去形の (D) surprised が正解です。

問題自体は単純に見えますが、ここで surprise をはじめとする重要な感情動詞をしっかりチェックしておきましょう。**感情動詞はほとんどが「〜させる」という意味になります**（例外は marvel「驚く」、fear「怖がる」などごく一部）。surprise も「驚かせる」という意味です。他動詞なので直後に O をとるのも大切なポイントです。

【重要な感情動詞】
□ amuse「楽しませる」　　　　□ interest「興味を持たせる」
□ excite「ワクワクさせる」　　　□ please「喜ばせる」
□ satisfy「満足させる」　　　　□ move / touch「感動させる」
□ impress「良い印象を与える・感動させる」
□ attract「興味を引く」　　　　□ fascinate / absorb「夢中にさせる」
□ surprise / amaze / astonish「驚かせる」
□ embarrass「恥ずかしい思いをさせる」
□ bore / tire / exhaust「疲れさせる」
□ depress / disappoint / discourage「がっかりさせる」
□ confuse「混乱させる・困惑させる」

こういった感情動詞は頻繁に分詞の形（-ing / -ed）で使われ、その「-ing と -ed の区別」がよく狙われます。「その気持ちにさせる」という能動関係なら -ing、「その気持ちにさせられる」という受動関係なら p.p. を使います。

隠れポイント45　annual と annually

annually は形容詞 annual「毎年の」の副詞形です。Part 4・7 の本文で annual や annually が使われ、「毎年行われている」という選択肢が正解になることが頻繁にあります。annual / annually という 1 語だけが正解の根拠になるので、本番では要注意です。

語句

□ **investor** 投資者・投資家
□ **announce** 発表する
□ **dividend** 配当金
□ **increase by ~** ～の分だけ増える　※ by は「差（～の分だけ）」を表す（問題 008 に出てきましたね）。

正解　D

Shulman West 株式会社は、今後の配当金を毎年 2.6%ずつ増額していくことを発表し、投資者を驚かせました。
(A) 動「驚かせる」の 3 人称単数現在形
(B) 動 の -ing 形
(C) 副 驚くべきことに
(D) 動 の過去形・過去分詞形

問題

The annual singing competition organized by
Carson Theater always features a number of
accomplished -------.

(A) performs
(B) performance
(C) performers
(D) performable

ここで
解く！　The annual singing competition organized by
Carson Theater always features a number of
accomplished -------.

核心 46　a number of 複数名詞
「たくさんの〜」

品詞問題です。The annual singing competition organized by
Carson Theater が S（organized 〜 が直前の The annual singing
competition を修飾）、features が V です。

ということは、a number of accomplished ------- が O になる、つ
まり名詞のカタマリになると判断できます。

a number of 〜 は「たくさんの〜」という意味で、直後の
accomplished は過去分詞なので、空所には「複数名詞」が入ります。
(C) performers「歌手」を選び、a number of accomplished performers
「たくさんの一流歌手」とすれば OK です。

ちなみに、(A) performs は動詞（3単現の s がついた形）だということに注意してください。

隠れポイント 46 動詞 feature

今回の問題では動詞 feature が使われています。日本語でも「雑誌でフィーチャーする」などと使われていますが、feature はまずは名詞「特徴・特色」から、「(特色を) 取り上げる・特集する」と覚え、さらにそこから「呼び物にする・(映画の) 主演をさせる」という意味もチェックしておきましょう。簡単に言えば「〜をウリにする」という感覚です。

【多義語 feature　核心：目立たせる】
① 特徴・特色　　　② 取り上げる・特集する
③ 呼び物にする・(映画の) 主演をさせる

語句

□ **annual** 毎年恒例の
□ **competition** 大会・コンテスト
□ **organize** 主催する・企画する
□ **a number of ～** たくさんの～
□ **accomplished** 一流の・プロ級の　※動詞 accomplish「成し遂げる」の過去分詞形で、直訳は「成し遂げられた・完成させられた」。

正解　C

毎年恒例の Carson Theater 主催の歌唱力コンテストにはいつも、一流の歌手が大勢呼ばれて出演します。
(A) 動「披露する」の3人称単数現在形
(B) 名 上演
(C) 名「歌手」の複数形
(D) 形 上演できる

125

問題

The quality of souvenirs sold by street vendors in Floreston is ------- to that of items sold in the local shops.

(A) comparison
(B) comparably
(C) comparable
(D) comparing

ここで
解く!

The quality of souvenirs sold by street vendors in Floreston is ------- to that of items sold in the local shops.

核心 47　be 動詞の後は「形容詞」を予想②

品詞問題です。be 動詞の後なので、空所には「形容詞」が入ることをまず考えます。選択肢を見ると、形容詞は (C) comparable で、これが正解です。

be comparable to ~「~に匹敵する・似ている」という表現になります。comparable は本来「比較（compare）できる（able）」です。単語帳などでは「匹敵する」としか訳されないことが多いのですが（今回もその意味で問題ないのですが）、「似たような」という意味が役立つことも多いので、「匹敵する＝実力が似ている」と関連づけておいてください。

隠れポイント 47 既出の名詞を受ける
that / those

that の特殊な用法に「前に出てきた名詞を受けながら後置修飾できる」というものがあります（今回のように that of ~ の形でよく使われます）。

【構文分析】

The quality of souvenirs sold by street vendors in Floreston

is comparable to that of items sold in the local shops.

that は The quality を受けます。前の名詞を受けるだけなら it などでもいいのですが、（it と違って）that は後ろから修飾できるのが特徴です（ここでは、of items sold in the local shops が that を修飾している）。なお、前に出てきた名詞が「複数」なら those を使います。

【it vs. that vs. one】

代名詞 判別のポイント	it	that / those	one
特定のものを指す or 不特定の名詞を受ける	特定	特定	不特定
前置修飾 or 後置修飾	両方 NG	後置のみ OK	両方 OK

語句

□ **quality** 質・品質
□ **souvenir** 土産物
□ **street vendor** 露天商
　※ vendor は「物売り」。
□ **item** 商品
□ **local** 地元の・地域の

正解 C

Floreston の露天商が売っている土産物の質は、その地域の店で売られている商品の質と比べても遜色ありません。

(A) 名 比較・類似
(B) 副 同程度に
(C) 形 匹敵する
(D) 動 「比較する」の -ing 形

127

問題

The Dockery Park Cleanup has been rescheduled ------- next weekend because of the inclement weather.

(A) through
(B) by
(C) into
(D) for

ここで
解く！　The Dockery Park Cleanup has been rescheduled ------- next weekend because of the inclement weather.

核心 48　reschedule for ~ 「～に予定を変更する」

適切な前置詞を選ぶ問題です。品詞問題の場合は「前置詞＋名詞」の形が大事なので、つい他の問題（このような前置詞を選ぶ問題）でも後ろの名詞ばかりを見てしまうかもしれません。今回も next weekend とのつながりだけを考えた人は多いと思います。

もちろんそのケースもあるのですが、「前置詞を選ぶ問題」の場合、「後ろとつながるパターン」と同じくらい、「前とつながるパターン」もあります。ですから必ず（一瞬で答えが出ないときほど）、前後を見ることが必要です。

そして今回は、まさに直前の rescheduled に注目しないといけない

128

のです。(D) for を選んで、be rescheduled for ~「~に予定が変更される」の形にします。

for は本来「方向性（~に向かって）」を表します（電車で「新宿行き」は For Shinjuku と表示されています）。be rescheduled for ~ で「（これからやってくる）~に向けて、予定が変更される」ということなんです。

今回は受動態＋完了形（has been p.p.）で、has been rescheduled for ~「~に予定が変更された」となっています。

隠れポイント48 「スケジュール変更」は TOEIC の鉄板ネタ

reschedule は「再び（re）スケジュールを組む（schedule）」→「予定を変更する」です。日本語でも、スケジュール変更を「リスケする」と言うことが増えてきましたが、これは reschedule のことです。

特にリスニングで「スケジュール変更」の話題が超頻出ですから、今回の be rescheduled for ~ はそのまま押さえておきましょう。

さらに、スケジュール変更には理由があり、そこも設問で狙われます。今回の because of the inclement weather「悪天候が原因で」もよく出てくる表現です（inclement は「荒れ模様の」という意味ですが、ほぼ間違いなく、inclement weather の形で使われます）。

Part 4 の「空港アナウンス（悪天候が原因で飛行機が遅れる）」とか、「ラジオニュースの天気予報」で頻出です。

正解 D

Dockery Park Cleanup は、悪天候のため来週末に日程が変更されました。
(A) 前 ~を通して
(B) 前 ~までに
(C) 前 ~の中に
(D) 前 ~に

語句

□ **because of ~** ~が原因で

049. The sales manager pointed out that 142 widescreen Viewcer monitors ------- but not yet delivered.

(A) ordered
(B) to order
(C) had been ordered
(D) are ordering

050. Wizigen Materials Limited intends to become ------- in the global marketplace by expanding its product line.

(A) more competitively
(B) competitively
(C) more competitive
(D) competition

051. Please complete the ------- survey and return it to us at your earliest convenience.

(A) enclosed
(B) enclosure
(C) encloses
(D) enclosing

052. Most of the employees were unhappy with the president's decision ------- the company picnic.

(A) cancels
(B) to cancel
(C) cancel
(D) cancellation

053. In the marketing department, only Mr. Marsh is not yet ------- that the advertising campaign will be a success.

(A) convinced
(B) convincing
(C) convinces
(D) convince

054. The president ------- the company's expansion into Southeast Asia at next Tuesday's meeting.

(A) will be addressed
(B) had been addressing
(C) is addressing
(D) should be addressed

解答・解説 ▶ p.132-143

問題

The sales manager pointed out that 142 widescreen Viewcer monitors ------- but not yet delivered.

(A) ordered
(B) to order
(C) had been ordered
(D) are ordering

ここで
解く！
> The sales manager pointed out that 142 widescreen Viewcer monitors ------- but not yet delivered.

◎ **核心** 49　時制の前に「能動・受動」の判断

point out that ~「~を指摘する」の形で、接続詞 that の後は 142 widescreen Viewcer monitors が s、空所に v が入ると考えます。

「モニターは注文される」という受動関係になるので、(C) had been ordered が正解です（受動態の過去完了形 "had been p.p." になっています）。過去完了形は「過去の一点よりもさらに過去」のことを表し、今回は「指摘した」という過去の一点よりも前に「注文された」ことを表しています。

ただし、そもそも受動態になっている選択肢は (C) しかないので、時制よりも**能動・受動の視点**で解きたいところです。選択肢だけ見ると「時制」の問題に思えて、実は「能動 or 受動」がポイント、と

いう Part 5 でよくあるパターンです（問題 017 でも説明しましたね）。

ちなみに、空所直後は but (had) not yet (been) delivered「しかしまだ届けられていない」ということです。

隠れポイント49 point out も that 節をとる

"S V that ~" の形では「S は〜と思う・言う」系統の意味になることを問題 002 で解説しました。

今回 point out「指摘する」は、純粋な動詞 1 語ではないのですが、同じ仲間として、point out that ~「〜ということを指摘する」の形をとります。point out の意味を知っている人は多いのですが、この動詞は後ろに that 節をとることまで意識していないと、今回の問題では構造を把握できなくなる可能性があるので、しっかりチェックしておきましょう。

ちなみに point は本来「尖った先端」という意味です（マウスの「ポインタ」も同じ由来）。「先端」→「点」→「点を指さす」→「指さす・指摘する」となりました。Part 1 では point at ~「〜を指さす」という熟語が頻出です。

語句

- [ ] **sales manager** 営業部長・販売部長
- [ ] **widescreen** ワイドスクリーンの・大型画面の
- [ ] **monitor**（コンピューターの）モニター・ディスプレイ
- [ ] **order** 注文する
- [ ] **deliver** 配達する

正解 C

営業部長は、ワイドスクリーンの Viewcer モニター 142 台が注文済みだが、まだ届いていないことを指摘しました。

(A) 過去形・過去分詞形
(B) to 不定詞
(C) 受動態の過去完了形
(D) 現在進行形

Chapter 2 | 049▶054

133

問題

Wizigen Materials Limited intends to become -------
in the global marketplace by expanding its product
line.

(A) more competitively
(B) competitively
(C) more competitive
(D) competition

ここで
解く！　Wizigen Materials Limited intends to become
------- in the global marketplace by expanding its
product line.

核心 50　SVC の形をとる動詞

「語法」と「品詞の識別」がポイントです。**空所直前の become に
注目し、空所には形容詞 (C) more competitive「より競争力の高い」**
が入ると考えます。

「名詞」がくる可能性もありますが、(D) competition「競争」では
「Wizigen Materials 社」＝「競争」となってしまい意味不明ですね。
※ C の位置が空所の問題では、「形容詞」→「-ed 形」→「名詞」の順番
で正解になりやすいです。

「become を見たら形容詞」という問題はすでに出てきましたが（問
題 022）、「この問題が超頻出・SVC のまとめをする・competitive
という単語が大事」という理由で、ここでも採用しました。

【SVC をとる動詞】　基本形：V ＋形容詞
①存在・継続：be「〜である」、
　　　　　　　keep / remain / stay / hold「〜のままでいる」
②変化：become / get / turn / grow / come / go / fall「〜になる」、
　　　　prove「〜だとわかる」
③感覚：seem / appear「〜のようだ」、look「〜に見える」、
　　　　feel「〜のように感じる」、sound「〜に聞こえる」、
　　　　taste「〜の味がする」、smell「〜のにおいがする」

隠れポイント 50　competitive の意味　

形容詞 competitive は意味も大切です。「**競争できるほどの・競争力の高い**」→「他に負けない」となり、competitive salary「他社に負けない給料」→「他より高い給料」、competitive price「他店に負けない値段」→「他より安い値段」となるので注意してください。

名詞 <u>competition</u>「競争」はゴルフやビジネスの「コンペ（競争）」で使われています。

ちなみに、副詞形は competitively「競争して・他に負けず」です。難問対策として、price ~ competitively「他と競争できるように〜に値段をつける」→「〜を安い値段に設定する」という形をチェックしておきましょう（price は動詞「値段をつける」）。

語句

□ **intend to** *do* 〜しようとする・〜するつもりである
□ **marketplace** 市場
□ **expand** 拡大する・展開する
□ **product line** 製品ライン・取扱品目・品揃え

正解　C

Wizigen Material 株式会社は取扱品目を拡大することで、世界市場における競争力を高めようとしています。
(A) 副「競争して」の比較級
(B) 副 競争して
(C) 形「競争力の高い」の比較級
(D) 名 競争

問題

Please complete the ------- survey and return it to us at your earliest convenience.

(A) enclosed
(B) enclosure
(C) encloses
(D) enclosing

ここで
解く！
> Please complete the ------- survey and return it to us at your earliest convenience.

核心 51　名詞との関係（能動 or 受動）を判断する

「現在分詞 vs. 過去分詞」がポイントです。the ------- survey の形から、空所には名詞 survey を修飾する単語が入ると考えます。品詞問題であれば形容詞を選べばいいのですが、今回の選択肢では動詞の変化が並んでいるので、分詞の問題です。

分詞は修飾する名詞との関係を考えます。名詞と分詞には「SV の関係」が成立するので、そこで「能動 or 受動」を判断してください。

【分詞の判別】
① 「名詞が〜している」（能動関係）→ -ing
② 「名詞が〜される」（受動関係）→ p.p.

分詞は (A) enclosed と (D) enclosing ですが、「survey が同封される」という受動関係が適切なので、過去分詞の (A) enclosed が正解です。

隠れポイント 51 enclose の使い方

enclose「同封する」という単語は大学受験などではかなりマイナーな扱いですが、TOEIC では超重要単語となります。enclosed résumé「同封された履歴書」、enclosed invoice「同封された請求書」などの形でよく使われます（Part 7 では「何が同封されているか？」が問われることがあります）。

単なる分詞の問題として終わらせずに、この英文がパッと口をついて出るくらいまで読み込んでおくと、Part 7 対策だけでなく、Part 4 の対策にもなります。

語句

- □ **complete** 記入する・完成させる
- □ **survey** 調査・アンケート
- □ **return** 送り返す
- □ **at one's convenience**
  [人] が都合のいいときに
  ※本文は earliest「一番早く」を入れた at one's earliest convenience「都合のいい範囲でできるだけ早く」になっている。

正解 A

同封のアンケートをすべて記入し、ご都合のつく範囲でできるだけ早くご返送ください。
(A) 動「同封する」の過去形・過去分詞形
(B) 名 同封物
(C) 動 の 3 人称単数現在形
(D) 動 の -ing 形

137

問題

Most of the employees were unhappy with the president's decision ------- the company picnic.

(A) cancels
(B) to cancel
(C) cancel
(D) cancellation

ここで
解く！
Most of the employees were unhappy with **the president's decision ------- the company picnic.**

核心 52　**不定詞は「元の単語」
がポイント**

be unhappy with ~「～を残念に思う」の後ろにくる名詞が、the president's decision ------- the company picnic です。空所前後を結ぶものとして、(B) to cancel を選べば OK です。

不定詞の形容詞的用法で、直前の名詞を修飾します。the president's decision to cancel the company picnic「会社のピクニックを中止するという社長の決定」となります。

今回の decision to *do* のように、不定詞が名詞を修飾する用法（形容詞的用法）の典型的なパターンは 2 つあります。

【形容詞的用法の不定詞を伴う重要表現】

① 関係副詞の先行詞になる名詞（時・場所など）

時：time to *do*「〜する時間」／ chance to *do*「〜する機会」など

② 元々 to をとる表現が名詞化されたもの

□ plan「計画」　　□ offer「提案」　　□ need「必要性」

□ wish「願い」　　□ promise「約束」　□ decision「決定」

□ ability「能力」　□ attempt「試み」

①についてはすでに触れました（問題 042）。今回は②のパターンで、元々 decide to *do*「〜することを決める」が名詞 decision になっても、同じように後ろに to をとるという発想です。

隠れポイント 52 「関連」を表す with を使った表現

今回は、be unhappy with 〜 を 1 つの動詞とみなすと文構造がわかりやすいです。このような「関連の with（〜について）」を伴う表現をチェックしておきましょう。

【「関連の with」を使った重要表現】

□ be concerned with 〜「〜に関係している」

□ be pleased with 〜「〜が気に入っている・〜に満足している」

□ be satisfied[content] with 〜「〜に満足している」

□ be bored with 〜「〜にうんざりしている」

語句

□ **company picnic** 会社のピクニック・（野外）親睦会

※「社員と家族のために会社の外で開かれる親睦会」のことで、TOEIC に頻出。

正解　B

会社のピクニックを中止するという社長の決定を、従業員のほとんどが残念に思いました。

(A) 動「中止する」の 3 人称単数現在形

(B) 動 の to 不定詞

(C) 動 の原形／名 取り消し

(D) 名 取り消し・中止

問題

In the marketing department, only Mr. Marsh is not yet ------- that the advertising campaign will be a success.

(A) convinced
(B) convincing
(C) convinces
(D) convince

ここで
解く！

In the marketing department, only **Mr. Marsh is not yet ------- that** the advertising campaign will be a success.

核心 53　convince は tell 型

動詞の語法がポイントです。only Mr. Marsh が S、is not yet -------
が V になります。空所前後の is not yet ------- that ~ という形に注
目して、(A) convinced を選び、受動態にします。

※ yet は文末で使われる印象が強いと思いますが、このように「否定語の
直後」にも使えます。

元々は、"convince 人 that ~"「人 に~だということを納得・確
信させる」が、受動態 "人 is convinced that ~"「人 は~だと
いうことを納得・確信させられている」→「納得・確信している」
になったわけです。

補足として、今回の問題では (B) convincing は -ing 形なのでアウ

トですが、形容詞で「納得させるような」→「説得力のある」という意味もあります。

 ### tell 型の「基本形」と 「動詞 7 つ」は?

convince は、今回の "convince 人 that ~" 以外の使い方もあり、本書では「必殺技 1」（86 ページ）で、「tell 型の動詞」としてまとめました。ここで復習しておきましょう。tell 型の「基本形 3 つ」と「tell 型動詞 7 つ（tell と convince を含む）」をパッと言えるでしょうか。

ここに答えを書いてしまうと視界に入ってしまうでしょうから、正解は 86 ページに戻って確認してください。詰まってしまったときのためにヒントとして日本語だけ載せておきます。

→「伝える」「思い出させる」「納得・確信させる」「説得する」「警告する」「知らせる」「保証する」

これをスラスラ言えるようにしておくと、TOEIC 本番の時間に追われた状況でも、パッと反応できるようになりますし、リスニングでも英文の構造を予想できて、聞き取りの力が格段に上がります。

語句

□ **marketing** マーケティング
□ **department** 部門・部署
□ **yet** まだ
□ **advertising** 広告・宣伝
□ **campaign** キャンペーン

正解 A

マーケティング部では、Marsh さんだけがまだ、広告キャンペーンが成功するだろうということに納得していません。
(A) 動「納得させる」の過去形・過去分詞形
(B) 動 の -ing 形／形 説得力のある
(C) 動 の 3 人称単数現在形
(D) 動 の原形

問題

The president ------- the company's expansion into Southeast Asia at next Tuesday's meeting.

(A) will be addressed
(B) had been addressing
(C) is addressing
(D) should be addressed

ここで
解く！　The president ------- the company's expansion into Southeast Asia at next Tuesday's meeting.

核心 54　現在進行形で「予定」を表す

「能動 or 受動」と「時制」がポイントです。The president が S、空所が V、空所直後の the company's expansion という名詞のカタマリが O と考えます。選択肢には address のさまざまな形が並んでいますが、「社長が<u>取り組む</u>」という能動関係が適切なので、「能動態」の (B) had been addressing と (C) is addressing に絞ります。

さらに文末の next Tuesday's meeting から「未来」の話だとわかるので、「予定」を表せる現在進行形の (C) is addressing を選べば OK です。

文法書には「現在進行形は近い未来を表す用法がある」と書かれて

いますが、これでは「近い未来っていつ？」となりますよね。進行形は本来「〜している途中」という意味で、「何かをしている途中」→「すでに何かしら手をつけている途中」となります。つまり「何かしら手はずが進んでいるもの」で、「予定としてスケジュールに組み込まれていること」に進行形を使います。

どんなに近いうちに起こることでも何も手をつけていなければ進行形は使えませんし、数年先のことでも手をつけていれば使われることがあります。特にビジネスでは数年先を「近い未来」と言うこともありそうですね。

隠れポイント54 ## address は「ぽ〜んと向ける」

address は動詞で「取りかかる・扱う」という意味で使われています。TOEIC で重要な多義語で、いろいろな意味で出てきますが、**核心イメージは「ぽ〜んと向ける」**です。

【多義語 address　核心：ぽ〜んと向ける】
①向ける　　②話しかける・演説　　③取りかかる・対処する・扱う
④委託する　⑤住所・宛先を書く　　⑥メールアドレス

「話の内容を聴衆にぽ〜んと向ける」→「話しかける・演説」、「ある課題に、自分の意識をぽ〜んと向ける」→「取りかかる・対処する・扱う」ということです。おなじみの「住所」は「手紙をぽ〜んと向ける先」です。

語句

☐ **president** 社長
☐ **expansion** 展開・拡大
☐ **meeting** 会議

| 正解 | C |

社長は、次の火曜日の会議で、会社の東南アジアへの拡大について扱おうとしています。
(A) 受動態の未来を表す形
(B) 過去完了進行形
(C) 現在進行形（予定を表す）
(D) should ＋受動態

055. Katie Braxton ------- to be the master of ceremonies at the Keller Foundation's fundraising event.

(A) has been selected
(B) will select
(C) is selecting
(D) had selected

056. A new regulation designed ------- carbon emissions from coal-fired power plants will be introduced next month.

(A) to lower
(B) lower
(C) be lower
(D) lowered

057. Ms. Jameson recently installed devices that ------- how much moisture is in the soil of her crops.

(A) measurement
(B) measure
(C) measurable
(D) measures

058. Since Ms. Kohler joined Tiger Housewares, she
has proven ------- capable of effectively handling
customer complaints.

(A) hers
(B) she
(C) that
(D) herself

059. Because Anita Santiago worked more than 40
hours between February 20 and 26, she will
receive overtime -------.

(A) pay
(B) payer
(C) paid
(D) pays

060. ------- 35 years ago by Dr. Dinesh Rao, the
Monticello Institute is a leader in preventive
medicine research.

(A) Founds
(B) Founding
(C) Founded
(D) Founder

解答・解説 ▶ p.146-157

問題

Katie Braxton ------- to be the master of ceremonies at the Keller Foundation's fundraising event.

(A) has been selected
(B) will select
(C) is selecting
(D) had selected

ここで
解く！　　Katie Braxton ------- to be the master of ceremonies at the Keller Foundation's fundraising event.

核心 55　select 人 to be 役職

能動・受動の判別がポイントです。空所にはVが入るわけですが、選択肢で使われている select「選ぶ」には、「何を？」とツッコミを入れられますよね（問題 016）。ですから select を「他動詞」と考え、直後には「(選ぶ対象となる) 人・物」がくると予想します。

しかし今回は空所直後が、to be ～ となっています。つまり直後に目的語がないので、受動態の (A) has been selected だけがつながります（受動態の現在完了形 "have been p.p." の形）。

この英文は、"select 人 to be 役職"「人 を 役職 に選ぶ」の受動態 "人 is selected to be 役職" の形です。他の選択肢はすべて能動態で、直後に名詞が必要になります。

今回の選択肢のように時制がバラバラになってはいるものの、結局は「受動態」が正解だったという問題が非常によく出ます。まずは**能動・受動を考え、それで答えが絞れないときに時制を考える**のが一番効率的です。

ちなみに、the master of ceremonies は「司会者・進行役」という意味です。「テレビ番組の MC」は <u>m</u>aster of <u>c</u>eremonies の略です（実際にはテレビ番組に限らず、イベントなどの司会者・進行役を表せます）。ちなみに「MC」をそのまま発音した emcee「司会者」という単語もあります。

隠れポイント 55 fundraising event 「資金集めのイベント」

TOEIC では fundraising event「資金集めのためのイベント」が頻繁に開かれます。まず動詞 raise は「上げる」です（カジノのルーレットで「掛け金を<u>上げる</u>」ことを「レイズする」と言ったりします。TOEIC では出ない話題ですが、聞き覚えがある人もいるでしょう）。**「上げる」→「集めたお金を<u>積み上げる</u>」→「（お金を）集める」**となりました。

fundraising は「資金（fund）を集める（raise）こと」という意味です。そのまま名詞で使われたり、今回の fundraising event のように形容詞的に使われたりします。余談ですが、ニュース英語でも出てくる単語ですよ。

正解 A

Katie Braxton は、Keller 財団の資金集めのイベントの司会者に選ばれました。
(A) 受動態の現在完了形
(B) 未来を表す形
(C) 現在進行形
(D) 過去完了形

語句

☐ **foundation** 財団・基金

147

問題

A new regulation designed ------- carbon emissions from coal-fired power plants will be introduced next month.

(A) to lower
(B) lower
(C) be lower
(D) lowered

ここで
解く！　A new regulation designed ------- carbon emissions from coal-fired power plants will be introduced next month.

核心 56　SVを把握③→形から考える

英文の構造を考えて解く問題です。A new regulation designed ------- carbon emissions from coal-fired power plants までが長い S、will be introduced が V です。

間違っても、A new regulation が S で、designed が V ではありません。「regulation が design した」では意味が通りませんし、意味を考えなくても、will be introduced という V が出てきた時点で気づきたいところです。

以上から、designed ~ は、A new regulation を修飾していると考えられます。つまり designed ------- carbon emissions from coal-fired power plants が長い分詞のカタマリになるはずです。

空所の前後をつなげるものは、(A) to lower しかありません。(B) lower と (C) be lower のような原形動詞はありえませんし、(D) lowered は過去形でも過去分詞でも designed につながりません。

隠れポイント56 知らない表現でも考えて解答する!

この問題は、従来の対策本では100％間違いなく、「be designed to *do* には『〜するために設計・計画されている』という意味があって、その形が使われている」と説明されるはずです。

確かに最初にそう言ってしまえば、解説をする側も聞く側も（頭を使わず覚えるだけなので）楽かもしれませんが、その発想では「知っていれば正解する、知らなければ不正解になる」ことになってしまいます。

核心で解説したように考えれば、design の使い方を知らなくても正解はできますし、これはハイスコアには絶対に必要な発想です。

そこをしっかり理解したうえで、知らなった人はぜひ、be designed to *do*「〜するために設計・計画されている」という意味もチェックしておきましょう。「見た目のデザイン」というより、「作り手の心にあるデザイン」→「計画・意図・狙い」を示すことが多いです。

語句

□ **regulation** 規則
□ **design** 策定する・設計する
□ **lower** 減らす・下げる
□ **carbon** 炭素
□ **emission** 排出・(複数形で)排出量・排出物
□ **coal** 石炭
□ **power plant** 発電所
□ **introduce** 導入する

正解 A

石炭火力発電所からの炭素排出量を減らす狙いがある新しい規則は、来月導入される予定です。
(A) 動「減らす」の to 不定詞
(B) 動 の原形／形 low「低い」の比較級
(C) be +形 の比較級
(D) 動 の過去形・過去分詞形

149

問題

Ms. Jameson recently installed devices that -------
how much moisture is in the soil of her crops.

(A) measurement
(B) measure
(C) measurable
(D) measures

ここで
解く！　　Ms. Jameson recently installed devices that
------- how much moisture is in the soil of her
crops.

🎯 **核心** 57 「文中に that、直後に v」
　　　　　　　→関係代名詞

関係代名詞を見抜くことがポイントです。文中で that が出てきたと
き、直後に v があれば、それは関係代名詞の that です。つまり「"~
名詞 that v ..." の形であれば that は関係代名詞」ということです。

この知識は Part 6・7 の英文を読むときや Part 4 で英文を正確に理
解するための大切な常識として活躍してくれます。この知識があれ
ば、~ devices that ------- how much ... の形から、「空所直前の that
は関係代名詞では？」と予想がつくのです。

そこで先行詞（devices）に注目すると複数形なので、3 単現の s が
ついていない (B) measure を選べば OK です。devices that measure

how much sv「どれだけ多く sv かを測る機器」となります（how much sv が measure の O です）。

隠れポイント57 要注意な TOEIC 重要単語

今回の英文では measure が「測る」という意味なので特に問題はありませんが、この単語は TOEIC で大事な多義語です。

【多義語 measure　核心：キチッと測って対策する】
①測る・測定　　②対策・手段

Part 7 では「対策・手段」という意味の名詞でよく出てきます。take measures「**対策をとる**」という表現を必ずチェックしておきましょう。measure は「キチッと測って対策する」と覚えるのがオススメです。

また、主節の V である installed も注意が必要です。どうしても「インストール」という、パソコンのイメージが浮かびますが、install は本来「**取り付ける**」という意味なんです（「パソコンの中にソフトを取り付ける」→「インストールする」と転用されただけです）。

今回は install devices「機器を設置する」という本来の意味で使われています。

語句

- □ **recently** 最近
- □ **device** 機器
- □ **moisture** 水分・湿気
- □ **soil** 土壌
- □ **crop** 作物

正解 B

Jameson さんは最近、自分が作物を育てている土壌に含まれる水分量を測る機器を設置しました。
(A) 名 計測・測定
(B) 動「測る」の現在形
(C) 形 測定可能な
(D) 動 の3人称単数現在形／名「対策・手段」の複数形

問題

Since Ms. Kohler joined Tiger Housewares, she has proven ------- capable of effectively handling customer complaints.

(A) hers
(B) she
(C) that
(D) herself

ここで
解く！
Since Ms. Kohler joined Tiger Housewares, she has proven ------- capable of effectively handling customer complaints.

核心 58　「再帰代名詞」の使いどころ

代名詞の判別がポイントです。英文全体は、Since sv, SV. の形です。主節は she has proven が SV です。動詞 has proven の O になるものを選択肢から探し、ここでは (D) herself が入ります。

prove OC「O が C であるとはっきり示す」の形で、以下の構造になります。

【構文分析】
she has proven <u>herself</u> <u>capable of ~</u>
　S　　　V　　　　O　　　　　C
「彼女（Kohler さん）は、自分自身が〜できると証明した」

再帰代名詞の用法は、問題 044 で触れたように、① S の強調と、② S = O のときが TOEIC で狙われるのでした。今回は②の用法です。

隠れポイント 58) prove の語法

(C) that を選んだ人は、prove that sv「sv であることを証明する」の形がよぎったのでしょう。もちろんその形もあるのですが、空所の後に sv がないことを確認すればミスだとわかります（こういったミスが防げるので、空所の後をざっと確認する習慣をつけておきたいところです）。

prove は意外とやっかいなので、ここで重要な使い方を確認しておきましょう。

【prove の重要な使い方】
① prove O「O を証明する」※ prove one's identity「身分を証明する」
② prove that sv「sv であることを証明する」
③ prove OC「O が C であると証明する・はっきり示す」
④ prove (to be) C「〜であると判明する」※自動詞の prove

語句

- □ **join** 加わる・入社する
- □ **be capable of -ing** 〜できる
  ※今回は of と -ing の間に副詞 effectively が入っている。
- □ **handle** 処理する・対処する
  ※「手（hand）で扱う」→「扱う・処理する」で、「車のハンドル」ではない。
- □ **complaint** クレーム・不満
  ※ claim は「主張する・要求する」で「クレーム」ではない。

正解 D

Kohler さんは Tiger Housewares に入社して以来、自身がお客様のクレームを効率よく処理できることをはっきり示してきました。
(A) 所有代名詞
(B) 代 の主格
(C) 接／代
(D) 再帰代名詞

153

問題

Because Anita Santiago worked more than 40 hours between February 20 and 26, she will receive overtime -------.

(A) pay
(B) payer
(C) paid
(D) pays

ここで
解く！　Because Anita Santiago worked more than 40 hours between February 20 and 26, **she will receive overtime -------.**

核心 59　overtime pay「時間外手当」

品詞問題です。英文の構造は、Because sv, SV. の形です。主節は she が S、will receive が V で、overtime ------- が O だと予想します。overtime が空所を修飾している形容詞と考えれば、空所には名詞が入るので、(A) pay を選べば OK です。

pay には動詞「払う」があるのは有名ですが、ここでは**名詞「給料」**です。日本語でも「ペイのほうについては」などと使われています。また、名詞の pay は不可算名詞なので、(D) pays を名詞と考えることはできません。

ここを見落とすと、「名詞が入る」というだけで、(B) payer「支払人」を選んでしまうかもしれません。もちろん意味がおかしいのですが、

payer であれば冠詞（a や the）が必要になるということも押さえてください。

「冠詞がくる、こない」は名詞によって違うので難しいのですが、payer のような「人」であれば、普通は冠詞を伴うことが多いです。

隠れポイント 59　overtime を深める

overtime は「規定の時間（time）をオーバーして（over）」→「時間外（の）」という意味です。overtime pay で「**時間外手当・残業手当**」となります。

今回は overtime が形容詞「時間外・時間外の」で使われましたが、副詞「時間外に」も大事です。work overtime で「**時間外労働をする・残業をする**」となります。

※参考までに、overwork は名詞で「働きすぎ」、動詞で「働きすぎる」です。

ちなみに、overtime には名詞もあり、それだけで「残業手当」という意味になります。たとえば、earn overtime「残業手当をもらう」となります。

正解　A

Anita Santiago は 2 月 20 日から 26 日の間に 40 時間を超えて働いたので、時間外手当を受け取ることになるでしょう。

(A) 名 給料・支払い／動「支払う」の原形
(B) 名 支払人
(C) 動 の過去形・過去分詞形
(D) 動 の 3 人称単数現在形

語句

□ **more than ~** ～を超えて

問題

------- 35 years ago by Dr. Dinesh Rao, the Monticello Institute is a leader in preventive medicine research.

(A) Founds
(B) Founding
(C) Founded
(D) Founder

ここで
解く！　------- 35 years ago by Dr. Dinesh Rao, the Monticello Institute is a leader in preventive medicine research.

🎯 核心 60　分詞構文も「能動 or 受動」で判断

分詞構文の問題です。そもそも分詞構文とは「-ing / p.p. が副詞のカタマリを作るもの」のことです。Part 5 の文法問題では、「-ing と p.p. の判別」がよく問われるので、以下の手順を押さえておきましょう。

【分詞構文の解法】

①「分詞構文の問題」だと認識する（気づく）

問題	------- ~, SV
選択肢	(A) -ing と (B) p.p. がある

"------- ~, SV" という形で、選択肢に -ing / p.p. があれば分詞構文の識別問題だと考えてください。

② s'を復元し、能動・受動を判断

> S' ------- ~, SV
>
> ※ s'は「主節のS」を復元。

分詞構文では「主節のSと分詞構文のSは同じ」なので、主節のSを分詞構文の前に復元して考えます。

③「s'が〜する」→ -ing /「s'が〜される」→ p.p.

復元した主語（s'）が「する」という能動関係なら -ing、「される」という受動関係なら p.p. を選びます。分詞構文では being を省略するのが普通なので、p.p. で始まるパターンが頻出です。

主節の主語 the Monticello Institute と found に注目すると、「Monticello 研究所は設立<u>される</u>」という受動関係が適切なので、過去分詞の (C) Founded を選べば OK です。

隠れポイント 60　動詞 found「設立する」

found「設立する」は found − founded − founded です。一方、find「見つける」は find − found − found なので、しっかり区別してください。

found「設立する」は、名詞形 foundation「土台・設立」と関連させて覚えるといいでしょう（メイクの「ファンデーション」は「化粧の<u>土台</u>を作り上げるもの」とイメージするのもアリです）。

語句

- □ **leader** リーダー・第一人者・指導的立場
- □ **preventive** 予防の
- □ **medicine** 医学・医療
- □ **research** 研究

正解 C

Monticello 研究所は、35 年前に Dinesh Rao 博士によって設立された、予防医学研究において最先端の機関です。

(A) 動「設立する」の 3 人称単数現在形
(B) 動 の -ing 形
(C) 動 の過去形・過去分詞形
(D) 名 創立者

多義語 strike を攻略

問題 001 の隠れポイントで紹介した中に strike「(考えが) 人の心に浮かぶ」という動詞がありました。strike は他にも重要な意味がある TOEIC 頻出語です。

【多義語 strike　核心：バシッと打つ!】
① 「なぐる」　　　　※「体を打つ」
② 「心に浮かぶ」　　※「頭を打つ」
③ 「印象を与える」　※「心を打つ」
④ 「襲う」　　　　　※「災害が場所を打つ」
(変化形：strike – struck – struck[stricken])

すべての意味は「バシッと打つ」から考えれば解決します。辞書でも最初に「打つ・なぐる」があるはずです。

※野球の「ストライク」は、「(良いコースなんだから) 打て」という意味からきた、という説があります。

① 「人の体を打つ」→「なぐる」はそのままの意味ですが、TOEIC ではそういった話題は出ないのでスルーしておきましょう。

② 「頭を打つ」→「思いつく」は、何かをひらめいたときに「電球がつく」イラストを想像してください。"考え strike 人" 「考えが 人の心に浮かぶ」の形で使われます。

③ 「人の心を打つ」→「印象を与える」は、たとえば好みのタイプの人を見て「もろストライクゾーン」という言い方から連想してください。まさにハートの真ん中を打たれたような感覚です。この意味では、strike A as B「A に B という印象を与える」という形でよく使われます。

④ 「災害が場所を打つ」→「襲う」は、たとえば「台風がある地方を打つ」→「その地方を襲う」ということです。新聞記事でもよく出てきます。

以上、すべて「バシッと打つ」から連想して攻略しましょう。

Chapter **3**

超正攻法の
上昇気流に乗る
30問

061. On ------- at the Seoul trade show were many electronic components used by automotive manufacturers.

(A) exhibitor
(B) exhibited
(C) to exhibit
(D) exhibit

062. Marlwess Cosmetics is performing better than its competitors mainly ------- the company's strong growth in emerging markets.

(A) once
(B) because of
(C) now that
(D) finally

063. To get to King Edwards Square, take the subway to Berwick Station and then ------- two blocks north.

(A) walk
(B) walked
(C) walks
(D) walking

064. The accountants found the new Wizard-500 software to ------- much easier to use than other programs.

(A) have
(B) be
(C) need
(D) do

065. The clothing store manager gave Ms. Hodges a full ------- for the sweater after receiving a receipt from her.

(A) refund
(B) refunded
(C) refunding
(D) refunds

066. California farmers have faced a water shortage this summer and many expect conditions ------- in the weeks ahead.

(A) be worse
(B) worsened
(C) worse
(D) to worsen

解答・解説 ▶ p.162-173

問題

On ------- at the Seoul trade show were many electronic components used by automotive manufacturers.

(A) exhibitor
(B) exhibited
(C) to exhibit
(D) exhibit

ここで解く！　On ------- at the Seoul trade show **were** many electronic **components** used by automotive manufacturers.

核心 61 on exhibit「展示されて」

品詞と熟語の問題です。空所直前が前置詞 On なので、空所には「名詞」が入ると考えます。(D) exhibit を選んで、on exhibit「展示中」という意味の熟語にします。(A) exhibitor「展示者」では意味が合わない（冠詞もない）のでアウトです。

exhibit には名詞以外に、動詞「展示する」もあります。また、on exhibit と同じような意味で、on exhibition「展示中」という言い方もあります。exhibition は、サッカーやフィギュアスケートの「エキシビション（勝敗関係なく展示するように見せることが主眼の試合や演技）」で使われています（ただし発音はエクサビシャン）。

Part 4・7 で「展示会」の話が頻繁に出てくるので、まとめて押さえ

ておきましょう。

【「展示」の表現まとめ】
☐ exhibit **動** 展示する　**名** 展示
☐ on exhibit / on exhibition「展示中」
※ on は本来「接触」の意味で、「動作に接触」→「進行中（〜している最中）」
となりました。

隠れポイント 61　倒置を見抜く

今回の英文の SV はつかめますか？ On で始まるカタマリは、show
まで続きますが、その後にはいきなり were という V が出てきます。
**左側にない S は右側に出てくるので、were の後ろにきた名詞を S
と考えます。**S が many electronic components という複数形なので、
動詞は（was ではなく）were になっているわけです。

【構文分析】

On exhibit at ~ show were many electronic components ~
　　　　　C　　　　　　V　　　　　　　　S

SVC の倒置で "CVS" になっています。元々は Many electronic
components ~ were on exhibit at ~. です。この倒置の考え方は問題
039 でも出てきましたね。Part 7 では倒置だと見抜くことが大事で
すので、しっかり押さえておきましょう。

語句

☐ **trade show** 展示会・見本市
　※「業界最先端の商品や開発技
　術を発表するイベント」。
☐ **electronic** 電子の
☐ **component** 部品
☐ **automotive** 自動車の
☐ **manufacturer** メーカー

正解　D

自動車メーカー使用の多くの電子
部品が、ソウル・トレードショーで
展示されていました。
(A) **名** 展示者・出展者
(B) **動**「展示する」の過去形・過
去分詞形
(C) **動** の to 不定詞
(D) **名** 展示／**動** の原形

問題

Marlwess Cosmetics is performing better than its
competitors mainly ------- the company's strong
growth in emerging markets.

(A) once
(B) because of
(C) now that
(D) finally

ここで
解く！　　Marlwess Cosmetics is performing better than its
competitors mainly ------- the company's strong
growth in emerging markets.

◎ 核心 62　前置詞と接続詞をきっちり整理する

「前置詞 vs. 接続詞」がポイントです。空所直後の長いカタマリ the
company's strong growth in emerging markets を「名詞のカタマリ」
だと認識する必要があります。

直後に名詞がきているので、「前置詞」が入ると考え、(B)because
of ~「～が原因で」を選びます。ちなみに空所直前の mainly は
because of ~ を修飾して、「主に～が原因で」となります。

他の選択肢を切れることも大事で、(A) once は「副詞・接続詞」、
(C) now that は「接続詞」、(D) finally は「副詞」です。特に接続詞
に注意が必要で、Once sv, SV.「いったん sv すると、SV だ」（問題
006）と、Now that sv, SV.「今やもう sv なので、SV だ」もしっか

りチェックしておきましょう。

隠れポイント62 前置詞と接続詞の頻出パターン

今回正解になった because of ~ は前置詞で、同じ意味の接続詞は because です。他にも、Part 5 でよく狙われるものをまとめます。

【前置詞 vs. 接続詞で重要なもの】

意味／品詞	前置詞（直後に名詞／動名詞）	接続詞（直後に SV）
「～の間」	during	while
「～までには」	by	by the time
「～なので」	because of	because
「～なしで」	without	unless
「～だけれども」	in spite of / despite	though / although / even though / even if
「～であろうとなかろうと」	regardless of / irrespective of	whether

語句

- □ **perform better** 良い業績を上げる　※ perform は本来「きっちり行う」。
- □ **competitor** 競合他社・ライバル企業
- □ **mainly** 主に
- □ **strong** 好調な・目覚ましい
- □ **growth** 成長・伸び
- □ **emerging market** 成長市場・新興市場

正解 B

Marlwess Cosmetics は、主に成長市場における目覚しい躍進のために、競合他社より良い業績を上げています。

(A) 副 かつて・一度／接 いったん～すると
(B) 前 ～が原因で
(C) 接 今や～なので
(D) 副 ついに

165

問題

To get to King Edwards Square, take the subway to Berwick Station and then ------- two blocks north.

(A) walk
(B) walked
(C) walks
(D) walking

ここで
解く！
> To get to King Edwards Square, **take the subway to Berwick Station** and then ------- two blocks north.

◎ 核心 63　常に and に反応する

動詞の形を問う問題です。まず文全体は "To ~, 命令文."「~するためには…しなさい」の形で、主節は原形 take から始まります。そのまま読み進めると、and が出てきます。

and は誰でも知っている単語ですが、きちんと反応するかどうかで、英語力が大きく変わってくると言えるほど重要な単語です。and を見たら、**常に「何と何を結んでいるのか？」を考える**ようにしてください（問題 036 でも取り上げました）。

【and の構造】

~ , take the subway to Berwick Station

and (then)

------- two blocks north.

この構造から、空所には（take と同じように）「動詞の原形」が入ると考えて (A) walk を選びます。take the subway to ~ and (then) walk two blocks north と「～行きの地下鉄に乗って、（その後）北に 2 ブロック歩いて」となります。

今回のように、and の直後に副詞（then など）が割り込むことは頻繁にあるので、この英文を典型パターンとして覚えておきましょう。

隠れポイント 63 命令文の重要パターン

今回の "To ~, 命令文 ." 「～するためには…しなさい」の形は、どの対策本でも軽視されていますが、実は TOEIC では重要であることはすでに述べましたね（問題 038）。

たとえば Part 4 で To make a reservation now, please press one. 「今ご予約するには、ボタン 1 を押してください」のような英文が出てきて、これがかなりの確率で解答のキーとなるわけです。

さらに、命令文の補足として、please と同じくらい just 「ちょうど」や simply 「ただ～だけ」もよく使われます。これについては、後ほど扱います。

語句

□ **get to ~** ～に着く・～に到着する

□ **take** 乗る・利用する

□ **subway** 地下鉄

□ **block** ブロック・街区

正解 **A**

King Edwards Square に行くには、Berwick Station 行きの地下鉄に乗って、その後、北に 2 ブロック歩いてください。
(A) 原形
(B) 過去形・過去分詞形
(C) 3 人称単数現在形
(D) -ing 形

問題

The accountants found the new Wizard-500 software to ------- much easier to use than other programs.

(A) have
(B) be
(C) need
(D) do

ここで
解く！

The accountants found the new Wizard-500 software to ------- much easier to use than other programs.

核心 64　find O to be C「O が C だとわかる」

find の語法がポイントです。find は SVOC をとる知覚動詞ですが、find OC または find O to 原形「O が～だとわかる」の形をとります。今回の英文では、<u>found</u> the new Wizard-500 software to ------- ～ となっているので、to の後には動詞の原形が入ります。

今回の選択肢はすべて原形なのでさらに見ていくと、much easier という形容詞があります。形容詞につながる (B) be が正解です。

隠れポイント 64　very と much の使い分け

このような問題では、easier とのつながりばかりが説明されます。もちろんそれが一番重要なんですが、find に注目しないと全体が見

えません。さらに大事なのが、空所直後の much です。この much が何者なのかを見抜かないと、easier にたどりつけないのです。

この much の正体は比較級（easier）を強調する副詞です。 強調といえば very が有名ですが、比較級の前には very は使えません（これ自体も Part 5 で問われます）。

very と much の使い分けは複雑に見えますが、表で考えると簡単です。ポイントは、**very と much は「仲がワルい」**ということ。「very がやる仕事は much はやらない、much の仕事に very は興味がない」という発想で、以下のまとめの表をチェックしてください。

【強調の"very vs. much"】

	very「とても」	much「はるかに」
原級	very good	~~much good~~
比較級	~~very better~~	much better
最上級	~~very the best~~	much the best
	the very best	~~the much best~~

very と much で、覚えやすいほうを頭に入れておけば、あとは「仲ワルい」という発想で解決できます（much <u>the</u> best と <u>the</u> very best は「the の位置」に注意）。

Chapter 3 | 061▶066

語句

□ **accountant** 経理担当者・会計士

□ **easy to use** 使いやすい
※ to use が直前の easy を修飾。直訳は「使うという点において易しい」。

正解 B

経理担当者たちは、新しいソフトウエアの Wizard-500 が他のプログラムに比べてはるかに使いやすいことに気づいた。
（選択肢の訳は省略）

169

問題

The clothing store manager gave Ms. Hodges a full
------- for the sweater after receiving a receipt from
her.

(A) refund
(B) refunded
(C) refunding
(D) refunds

ここで解く！

The clothing store manager gave Ms. Hodges a
full ------- for the sweater after receiving a receipt
from her.

◎ 核心 65　「冠詞＋形容詞＋名詞」のパターン

品詞と語彙がポイントです。英文全体は "give 人 物"「人 に
物 を与える」の形で、give の後ろは Ms. Hodges が 人 、a full
------- for the sweater が 物 になっています。

よって空所には「名詞」が入り、かつ冠詞 a があるので、単数形の
(A) refund「返金」を選べば OK です。「冠詞＋形容詞＋名詞」の
パターンです。空所直後は前置詞 for がきているので、（品詞を考え
るうえでは）これ以上後ろを見る必要はありません。

ちなみに for は直前の refund を説明して、a full refund for the
sweater「セーターに対する全額返金」となります。

今回、仮に refund を知らなくても、(B) refunded と (C) refunding

は動詞の変化形で、(D) refunds は複数形なので、おそらく (A) refund だろうなと解けてしまいますが、TOEIC では非常に重要な単語なので、隠れポイントで完璧にしておきましょう。

隠れポイント 65 refund は動詞と名詞

refund は「再び（re）お金を払う（fund）」→「払い戻す・払戻金」となりました。動詞と名詞、両方あります。今回は名詞で、"give 人 a refund"「人 に 払 い 戻 し（a refund）を 与 え る」→「人 に払い戻す・返金する」となります。

他には receive a refund「払戻金を受け取る」などの表現もあります。また、動詞の例では、"have お金 refunded"「お金 を払い戻してもらう」があります（have O p.p.「O が～されるようにする」の形）。特に Part 3・7 で、「（不良品や注文したものと違うので）返金する」などの話がよく出てきます。

余裕があれば、同じく re「再び」に注目して、reimburse「払い戻す」と reimburscment「払い戻し」もチェックしておきましょう。

Chapter 3 | 061 ▶ 066

正解 A

その衣料品店の店長は、Hodges さんからレシートを受け取った後、セーターの代金を全額返金しました。
(A) 名 返金
(B) 動 「返金する」の過去形・過去分詞形
(C) 動 の -ing 形
(D) 名 の複数形／動 の３人称単数現在形

語句

☐ **clothing** 衣類
☐ **store manager** 店長
☐ **receipt** レシート・領収書

問題

California farmers have faced a water shortage this summer and many expect conditions ------- in the weeks ahead.

(A) be worse
(B) worsened
(C) worse
(D) to worsen

> **ここで解く!** California farmers have faced a water shortage this summer and **many expect conditions** ------- in the weeks ahead.

核心 66　expect の語法

動詞の使い方がポイントです。and の後の many expect conditions を正確に把握する必要があります。many の後には名詞がくることが多いのですが、"many expect conditions" で1つの名詞と考えてしまってはいけません。

ここでは expect が動詞であることを意識して、many（ここでは「多くの農家」）が「単独で主語になっている」と考える必要があります。

【構文分析】
and many expect conditions ------- in the weeks ahead.
　　　　S　　　V　　　O

動詞 expect が意識できたら、次は expect の語法（expect 人 to do「人 が〜すると見込む」）を考え、(D) to worsen を選べば OK です。

※今回は 人 の部分に conditions（状況）がきています。人 は覚えやすくするための便宜的なものなので、実際には人間以外も入ります。

ちなみに worsen「悪化する」は、worse（bad の比較級）に動詞を作る "-en" がついた単語です。

隠れポイント66 face は「動詞」が大事！

今回は and 以降が重要でしたが、前半（特に face）でつまずいてしまうと、後半もそのモヤモヤを引きずってしまうことがよくあるので、ポイントとなる face をしっかり確認しておきましょう。

名詞の face「顔」は誰でも知っていますが、**「顔を向ける」→「直面する」という動詞**が重要です。さらに「他動詞」なので、直後に名詞がくることも覚えておきましょう。

また、Part 1 では**「顔を向ける」**の意味でよく出てきます。face away from 〜 で「〜から離れて（away from 〜）顔を向ける（face）」→「〜から顔をそむける・別の方向を向く」となり、face away from the window「窓とは別のほうを向く」などと使われるわけです。

語句

□ **farmer** 農民
□ **shortage** 不足
□ **condition** 状況・状態
□ **worsen** 悪化する
□ **ahead** 先の

正解 D

カリフォルニアの農家はこの夏、水不足に直面していて、多くの人がこの先数週間で状況は悪化するだろうと見込んでいます。
(A) be + 形 より悪い
(B) 動「悪化する」の過去形・過去分詞形
(C) 形 より悪い
(D) 動 の to 不定詞

067. Mr. Conway declined ------- the document until after he could read an English translation.

(A) signs
(B) being signed
(C) to sign
(D) signed

068. Wesoval Consulting is committed to providing ------- marketing solutions to businesses around the world.

(A) customizer
(B) customize
(C) customized
(D) customizes

069. Before applying for a permit, ------- read the instructions on the back of the application form.

(A) care
(B) more careful
(C) careful
(D) carefully

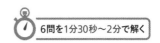

070. Ms. Mendez made a good impression at her job interview by revealing her outgoing -------.

(A) personal
(B) personally
(C) personalize
(D) personality

071. ------- Laurie Keefe has been writing for newspapers for many years, she has only recently written an article for a magazine.

(A) When
(B) Despite
(C) Although
(D) However

072. Mr. Calderon received an invitation ------- an award ceremony in New York in October.

(A) attend
(B) to attend
(C) is attending
(D) attended

解答・解説 ▶ p.176-187

問題

Mr. Conway declined ------- the document until after he could read an English translation.

(A) signs
(B) being signed
(C) to sign
(D) signed

ここで
解く！   Mr. Conway declined ------- the document until after he could read an English translation.

核心 67) decline to *do*「～するのを断る」

動詞の使い方がポイントです。空所直前の動詞 declined に注目してください。decline は後ろに to 不定詞をとるので、decline to *do*「～するのを断る」の形にします。よって、(C) to sign が正解です。

decline には「断る・衰える・減少する」などいくつかの意味があります。こちらもしっかり整理しておきましょう。本来「下に（de）傾く（cline）」という意味です。cline は「リクライニングシート（reclining seat）」＝「傾きが調整できるイス」で使われています。「下に傾く・下に向ける」というイメージがどの意味にもあるわけです。

【多義語 decline　核心：「下に傾く・下に向ける」】
①傾く　　　②断る　　　　③衰える・減少する・衰え・減少

隠れポイント 67 後ろに to 不定詞 をとる
「否定的な動詞」

to 不定詞をとる動詞は「前向き未来志向」のニュアンスを持つのが
基本でしたね（問題 025）。よって前向きな動詞が多いのですが、ほ
んの一部だけ、「否定的なイメージ」を持つ動詞もあり、注意が必要
です。

【to をとる動詞（その 2：否定的なイメージ）】
□ refuse to *do* / decline to *do*「〜するのを断る」
□ hesitate to *do*「〜するのをためらう」
□ fail to *do*「〜しない」

「未来志向」には変わりがないので、decline to *do* も「これから〜す
ることを断る」と整理してください。

ちなみに、refuse よりも decline のほうが「丁寧に断る」ことを表
します（TOEIC では問われない細かいニュアンスです）。

Chapter 3 | 067▸072

語句

□ **sign** 署名する
□ **until after ~** 〜の後まで・〜
　が終わるまで　※この until は
　前置詞で「〜する後まで」と言い
　たいときに使われる形。文法問
　題で問われる（答えとして選ぶ）
　ことはおそらくないでしょう。
□ **translation** 翻訳

正解 C

Conway 氏は、英訳を読み終わる
まで、その文書に署名するのを拒み
ました。
(A) 3 人称単数現在形
(B) 受動態の現在進行形
(C) to 不定詞
(D) 過去形・過去分詞形

問題

Wesoval Consulting is committed to providing -------
marketing solutions to businesses around the world.

(A) customizer
(B) customize
(C) customized
(D) customizes

ここで
解く！　Wesoval Consulting is committed to providing
------- marketing solutions to businesses around
the world.

核心 68　直後の「名詞のカタマリ」を修飾

Wesoval Consulting が S で、is committed to providing が V です（be committed to -ing「〜するのに専念する」の形）。

provide の O が、------- marketing solutions と考えられます。これは名詞のカタマリになるはずで、**空所には直後の marketing solutions を修飾するものが入る**ため、過去分詞の (C) customized「カスタマイズされた・特別仕様の」を選べば OK です。customized marketing solutions「カスタマイズされたマーケティングの解決策」となります。

customized は、最近ではそのまま「カスタマイズされた」のように使われています。

隠れポイント 68 provide の語法

provide の使い方を確認しておきましょう。with を使った形が有名ですが、今回は to を使ったパターンですね。

---

provide 人 with 物 = provide 物 to[for] 人
「人 に 物 を与える」

ちなみにこういった語法・熟語を覚えるとき、provide A with B のように示す教え方がほとんどなのですが、そう覚えると、今回の問題に出てきた provide のような（人 と 物 が入れ替わる）パターンでは混乱するので、このように 人 や 物 と覚えるほうがミスが防げます（もちろん 人 は便宜上のものなので、団体・国名などがくることもあります）。

実際、今回の英文でも、to の後には businesses around the world「世界中の企業」がきています。なお、business には「ビジネス・仕事」以外に、「**会社・企業**」という重要な意味があり、TOEIC で頻繁に使われます。

語句

☐ **be committed to ~** 〜に特化している・〜に専念している ※「コミットする」＝「専念する」ということ。commit oneself to ~「〜に自分自身を専念させる」の受動態が be committed to ~。

☐ **marketing** マーケティング

☐ **solution** 解決策

正解 C

Wesoval Consulting は、世界中の企業にオーダーメイドのマーケティングの解決策を提供することに特化しています。
(A) 名 カスタマイズする人
(B) 動「特別注文する」の原形
(C) 動 の過去形・過去分詞形
(D) 動 の３人称単数現在形

問題

Before applying for a permit, ------- read the instructions on the back of the application form.

(A) care
(B) more careful
(C) careful
(D) carefully

ここで
解く！　Before applying for a permit, ------- **read the instructions** on the back of the application form.

核心 69　文法上なくてもいい品詞

品詞問題です。**文頭の Before は前置詞です**（before は前置詞・接続詞が両方ありますが、どちらであれ副詞のカタマリを作ります）。その後ろに SV を探すと、空所の後に read が見つかります。この時点では「空所には read の S になるべき名詞が入る」と予想し、それを踏まえて選択肢を見ると、名詞らしきものは (C) care「注意」が見つかります。しかし「care が read する」のは変ですよね。

クドイとは思いますが、このようにキチッと考える習慣をつけておくと壁にぶつかりスコアが停滞するようなことがなくなります。

さて本題ですが、**主語がないので** "Before ~, 命令文 ." だと考えます。空所には「**文法上なくてもいい品詞**」＝「**副詞**」が入ると考え、

(D) carefully「注意深く」を選べば OK です。直後の動詞 read を修飾し、carefully read ~「〜を注意深く読みなさい」となります。

隠れポイント 69　apply は「ピタッとくっつける」

前半で apply for ~「〜に申し込む」が使われていました。「当てはめる・適用する・申し込む」といった意味が TOEIC で頻出ですが、**核心となる意味は「ピタッとくっつける」**です。

```
【多義語 apply　核心：ピタッとくっつける】
①当てはめる・適用する　　②申し込む（apply for ~）
```

apply A to B で、「A の内容を B の事象にピタッとくっつける」→「A を B に当てはめる・適用する」となりました。The rule cannot be applied to him.「そのルールは彼には当てはまらない」のように使われます（apply A to B の受動態）。

また、「自分の気持ちを〜に向けてピタッとくっつける」→「申し込む」も大事です。たとえば apply for a job なら「仕事に申し込む」です。ちなみに、名詞形 application「申込」は、文末で application form「申込書」と使われています。大事な複合名詞なのであわせて覚えておきましょう。

語句

□ **permit** 許可・許可証　※「許可証」は可算名詞（permission「許可」は不可算名詞）。
□ **instruction**（通例、複数形で）指示
□ **back** 裏面
□ **application form** 申込書

正解　**D**

許可を申請する前に、申請用紙の裏面に書いてある指示をよく読みなさい。
(A) 名 注意／動 気にする
(B) 形 「注意深い」の比較級
(C) 形 注意深い
(D) 副 注意深く

問題

Ms. Mendez made a good impression at her job interview by revealing her outgoing -------.

(A) personal
(B) personally
(C) personalize
(D) personality

ここで
解く！　Ms. Mendez made a good impression at her job interview **by revealing her outgoing -------.**

核心 **70** 所有格の後は「名詞」を予想

品詞問題です。her outgoing ------- の形から、空所には**直前の形容詞 outgoing に修飾される「名詞」**が入ると考えます。正解は (D) personality「性格」です（"-ity"の語尾は「名詞」を作ります）。

品詞問題で、「冠詞＋形容詞＋名詞」のパターンがよく出ますが、今回のように**冠詞の代わりに「所有格」が使われる**こともよくあります。もちろん発想は同じで、形容詞が挟まれても、最後は「名詞」がきます。

【名詞が入る TOEIC 頻出の出題パターン】

① 所有格+（ 名詞 ）

② 所有格+形容詞+（ 名詞 ）

③<逆パターン>所有格+（ 形容詞 ）+名詞

隠れポイント70 outgoing の 2 つの意味

outgoing は本来「外へ（out）出ていく（going）」で、そこから「**頻繁に外へ出ていくような**」→「**外向性の・社交的な**」という意味が生まれました。今回はこの意味で使われ、her outgoing personality「彼女の社交的な性格」となっていましたね。

もう一つ TOEIC で重要なのは、「**会社の外に出ていく**」→「**去っていく・退職する**」という意味です。Part 4 では farewell party「送別会」や retirement party「退職記念パーティー」が頻出で、そこで outgoing「去っていく・退職する」がよく使われるんです。また、Part 7 で「役員が交代する企業の話」でも使われます。

語句

□ **make a good impression**
　良い印象を与える

□ **job interview** 就職の面接

□ **reveal** 示す・明らかにする

□ **personality** 性格

正解 D

Mendez さんは、社交的な性格を示すことによって就職の面接で良い印象を与えました。

(A) 形 個人的な

(B) 副 個人的に

(C) 動 自分好みにする

(D) 名 性格

問題

------- Laurie Keefe has been writing for newspapers for many years, she has only recently written an article for a magazine.

(A) When
(B) Despite
(C) Although
(D) However

ここで
解く！

------- Laurie Keefe has been writing for newspapers for many years, she has only recently written an article for a magazine.

◎ 核心 71　前置詞 despite vs. 接続詞 although

「前置詞 vs. 接続詞」がポイントです。英文全体は "------- sv, SV." の形なので、空所には「従属接続詞」が入ると考えます。前半「長年、新聞記事を書き続けている」と、後半「雑誌の記事を書いたのはつい最近」が対比されていると読みとり、接続詞の (C) Although「～だけれども」を選びます。(A) When も接続詞ではありますが、意味が合わないので、今回はアウトです。

(B) Despite「～だけれども」は前置詞なので、後ろに「名詞」がきます（問題 062）。

(D) However は、単純に解説するなら「副詞なので、今回はダメ」で済みますが、この語には「複合関係詞」としての用法があります。名称はどうでもいいので、ぜひ「使い方」をチェックしてください。

①直後に形容詞・副詞が続く　「たとえどれくらい〜であっても」

基本形：However 形・副 sv, SV.
※ "However 形・副 sv" 全体で副詞節になる。

However hard the work is, we should not complain.
たとえ仕事がどれほど大変であっても、私たちは文句を言うべきじゃない。
※この hard は「形容詞（難しい・大変な）」。

---

② however 単独で使われる用法　「たとえどんな方法で〜しても」
how が形容詞や副詞のケース（例：How long ~? ／ How much ~?）と違って、単独の how には「手段（どのように・どんな方法で）」の意味がありますね。however の場合、「手段の how +譲歩」→「たとえどのような〜であろうとも・どんな手段であろうとも」という意味になります。

However you pay, the price is the same.
どのようなお支払いの方法であっても、金額は変わりません。

Chapter 3 | 067▶072

語句

□ **for many years** 長年にわたって

□ **only recently** 最近になってやっと

□ **article** 記事

正解 C

Laurie Keefe は、長年にわたって新聞の記事を書き続けていますが、雑誌の記事を書くようになったのはつい最近のことです。

(A) 接 〜するとき
(B) 前 〜だけれども
(C) 接 〜だけれども
(D) 副 しかしながら／複合関係副詞「たとえどんな〜でも」

問題

Mr. Calderon received an invitation ------- an award ceremony in New York in October.

(A) attend
(B) to attend
(C) is attending
(D) attended

ここで
解く！ Mr. Calderon received an invitation ------- an award ceremony in New York in October.

核心 72 消去法が有効なパターン

動詞の形が問われています。Mr. Calderon received が SV、an invitation が O です。**空所以下は直前の an invitation を修飾する**ものと考え、不定詞の (B) to attend が正解です。

不定詞の形容詞的用法で、an invitation to attend ~「~に参加するための招待状」となります。

ただ実際には、他の選択肢がすべて V になるので、空所には入れません（すでに received という V があるため）。空所の前にある SVO の形につなげる働きがあるものは、ここでは to 不定詞だけです。

つまり今回は消去法が有効です。文の構造をきちんととらえるクセをつけておくと、どの問題で消去法を使えばよいがパッと判断で

きるようになります。

隠れポイント 72　attend の意味

選択肢で使われた attend は、自動詞と他動詞両方の用法があること
を覚えておいてください。

> **【attend の他動詞・自動詞の意味】**
> ①他動詞「出席する」　　②自動詞「注意する・仕える」

今回の場合は、attend an award ceremony「授賞式へ参加する」と、
直後に O があるので他動詞です。自動詞の例を挙げておきます。

> 例：attend to ~ = pay attention to ~「〜に注意を向ける」
> attend on ~「〜に仕える」

attend to と pay attention to は見た目も似ているのでその発想で覚
えます。ついでに attend on ~「〜に仕える」は「フライトアテンダ
ント」をイメージして覚えるのもアリでしょう。

語句

☐ **invitation** 招待状
☐ **award ceremony** 授賞式

> **正解　B**
>
> Calderon さんは、10月にニュー
> ヨークで開かれる授賞式への招待
> 状を受け取りました。
> (A) 原形
> (B) to 不定詞
> (C) 現在進行形
> (D) 過去形・過去分詞形

073. When cleaning your bathroom, avoid -------
cleaning chemicals, as this may cause a
dangerous chemical reaction.

(A) mixing
(B) mixes
(C) mixed
(D) mix

074. ------- the increase in the cost of living in Merwitch
City, more people are moving to the countryside.

(A) Given
(B) Provided
(C) Among
(D) Regardless

075. Anyone who has a ticket for the canceled
Hideaway Bay Dinner Tour ------- to a full refund.

(A) is entitled
(B) are entitled
(C) were entitled
(D) entitle

076. The next regularly ------- bus to the Cheshire Zoo will depart from Terminal 2 at 9:45 A.M.

(A) scheduled
(B) scheduling
(C) schedules
(D) schedule

077. Ms. Guerra's new assistant will carry out a wide range of tasks, ------- simple administrative duties to more complex accounting functions.

(A) out
(B) from
(C) by
(D) over

078. To register for our bottled water service, ------- complete the form on our Web site.

(A) simple
(B) simply
(C) simplify
(D) simplicity

Chapter 3 | 073▸078

解答・解説 ▶ p.190-201

問題 073 | 解説　　◎ 核心 73　　隠れポイント 73

問題

When cleaning your bathroom, avoid ------- cleaning chemicals, as this may cause a dangerous chemical reaction.

(A) mixing
(B) mixes
(C) mixed
(D) mix

ここで解く！

When cleaning your bathroom, **avoid ------- cleaning chemicals**, as this may cause a dangerous chemical reaction.

◎ 核心 73　avoid -ing「〜するのを避ける」

動詞の語法がポイントです。空所直前の avoid は直後に動名詞をとる（avoid -ing「〜するのを避ける」）ので、動名詞の (A) mixing が正解です。ちなみに、動名詞 mixing の後にくる cleaning chemicals「洗剤」はこれで 1 つの名詞になります。

なお、avoid は普通に「名詞」をとることもできるので、(D) mix を名詞「混合」と考えることもできますが、名詞要素が 2 つ並び意味も通じないのでアウトです。また、(C) mixed を形容詞（過去分詞）と考えることもできますが、やはり意味が通りません。

目的語に動名詞をとる（後ろに -ing をとる）動詞をチェックしましょう。「反復・中断・逃避」のイメージがある動詞は -ing をとります。

【目的後に動名詞をとる動詞】

①「反復」のイメージ
☐ practice「練習する」　　　☐ enjoy「楽しむ」
☐ be used to -ing「〜に慣れている」
☐ mind「気にする」　　　☐ consider「考える」
☐ look forward to -ing「〜することを楽しみに待つ」
※ enjoy は「反復して楽しむ」、mind 以下の3つは「頭の中で反復して考える」イメージ。

②「中断」のイメージ
☐ stop / quit / give up「やめる」　　☐ finish「終える」

③「逃避」のイメージ
☐ miss「逃す」　☐ avoid / escape / help「避ける」
☐ put off / postpone「延期する」
☐ object to / be opposed to「反対する」
☐ deny「否定する」

隠れポイント 73 従属節内での s ＋ be の省略

英文全体は、"When 〜, 命令文."の形です。「従属接続詞内の s ＋ be は省略できる（ただし主節の S と同じというのが条件）」というルールがあります。When (you are) cleaning your bathroom, (you) avoid 〜 ということです（主節の you は命令文なので省略されます）。

語句

☐ **clean** 掃除する
☐ **cleaning chemicals** 洗剤
　※これで1つの名詞と考える。
☐ **cause** 引き起こす
☐ **chemical reaction** 化学反応

正解　A

浴室の清掃をするときは、洗剤を混ぜると危険な化学反応が起こる可能性があるので、避けてください。
(A) 動「混ぜる」の -ing 形
(B) 動 の3人称単数現在形
(C) 動 の過去形・過去分詞形／形
混合の
(D) 動 の原形／名 混合

問題

------- the increase in the cost of living in Merwitch City, more people are moving to the countryside.

(A) Given
(B) Provided
(C) Among
(D) Regardless

ここで解く！

------- the increase in the cost of living in Merwitch City, more people are moving to the countryside.

核心 74　given 名詞
「名詞 を考慮すると」

品詞問題です。英文全体は、"------- 名詞 , SV." の形なので、空所には「**直後に名詞を伴い、かつ（コンマの後に SV があるので）副詞要素を作るもの**」、つまり前置詞が入るはずです。

選択肢の中で、前置詞は (A) Given と (C) Among しかありません。この 2 つのうち、文脈に合うのは (A) Given ~「~を考慮すると」です。「生活費の上昇を考慮→地方に引っ越している」と意味がつながります。

(B) Provided は、過去分詞というだけでなく、接続詞の働きが大事でしたね（問題 006）。(D) Regardless は形容詞と副詞の用法もあり

ますが、regardless of ~「～にもかかわらず」の形でよく使われます（品詞的には of があるので前置詞と考える）。

隠れポイント 74 given の 2 つの用法

given は直訳「～を与えられると」→「～を考慮すると」となります。本来は分詞構文なんですが、今回のように「前置詞」として扱われることが多いです。

また、この given は、given the fact that sv「sv という事実を考慮すると」のように使われることもあります。

さらに、the fact that の省略が起きて given sv という形でも使われるようになりました。本来はこのように「分詞構文」→「前置詞」→「名詞の省略」という流れなのですが、直後に sv をとることから、もはやこの given は「接続詞」としてみなされます。

以上、**given には前置詞と接続詞両方の用法がある**ことを押さえておきましょう。

語句

□ **increase in ~** ～の上昇・増加　※「分野・範囲の in（～において）」。
□ **cost** 費用
□ **move to ~** ～に引っ越す
□ **countryside** 田舎・地方

正解　A

Merwitch City で暮らすのにかかる費用が高くなっていることを考慮して、より多くの人々が地方に引っ越しつつあります。
(A) 前 ～を考慮して
(B) 接 もし～なら
(C) 前 ～の中で
(D) 副 それにもかかわらず／（regardless of ~ で）「～にもかかわらず」

問題

Anyone who has a ticket for the canceled Hideaway Bay Dinner Tour ------- to a full refund.

(A) is entitled
(B) are entitled
(C) were entitled
(D) entitle

ここで
解く！ | Anyone who has a ticket for the canceled Hideaway Bay Dinner Tour ------- to a full refund.

核心 75　anyone は「単数扱い」

「SV の一致」と anyone の知識がポイントです。S が文頭から始まり、Anyone who has a ticket for the canceled Hideaway Bay Dinner Tour まで続きます。

who 以降は文頭の Anyone を修飾しているので、Anyone に対応する V がポイントとなります。anyone「誰でも」は本来、「任意のうち（any）誰を（1 人ずつ）とっても」という意味であくまで 1 人ずつを意識するので、単数扱いです。

正解は (A) is entitled で、他の選択肢はすべて複数扱いの主語に対応します。

be entitled to ~/*do* を理解する

be entitled to ~/*do*「〜の（〜する）権利・資格がある」という表現
も重要です。

そもそも動詞 entitle は「肩書き（title）を与える」→「権利・資格
を与える」です（野球の<u>エンタイトル（ド）ツーベース</u>」とは「確
実に 2 塁まで行く<u>資格を与えられた</u>」ということ）。

"entitle 人 to ~/*do*"「人 に〜する権利を与える」の形でよく使わ
れますが、その受動態が "人 is entitled to ~/*do*"「人 は〜す
る権利を与えられている」→「〜する権利がある」となるわけです。

ちなみにこの to は「to 不定詞」と「前置詞」の両方があります（珍
しいパターンですね）。つまり、to の後には「動詞の原形」も「名詞」
も OK で、今回の英文では名詞（a full refund）がきています。

正解 A

中止になった Hideaway Bay
Dinner Tour のチケットをお持ち
の方は誰でも、全額返金してもらえ
る権利があります。

語句

□ **refund** 返金

(A) 受動態の現在形（主語が単数）
(B) 受動態の現在形（主語が複数）
(C) 受動態の過去形（主語が複数）
(D) 動「権利を与える」の原形

問題

The next regularly ------- bus to the Cheshire Zoo will depart from Terminal 2 at 9:45 A.M.

(A) scheduled
(B) scheduling
(C) schedules
(D) schedule

ここで
解く！ ▷ The next regularly ------- bus to the Cheshire Zoo will depart from Terminal 2 at 9:45 A.M.

🎯 核心 76 ▶ 「能動 or 受動」を判断する

「品詞の判別」と「現在分詞 vs. 過去分詞」がポイントです。The next regularly ------- bus to the Cheshire Zoo が S、will depart が V です。

The を見た瞬間に名詞のカタマリを予想し、今回は next regularly ------- bus to ～ という形なので、中心となる名詞は bus だと判断します。

名詞 bus の前にある "regularly -------" がまとめて bus を修飾すると考えるわけです。つまり**空所には「副詞 regularly に修飾される」かつ「直後の bus を修飾する」もの**が入ります。

選択肢の schedule は動詞の用法が大切です（もちろん名詞「スケジ

ュール」もありますが、まずは動詞だと認識することが大切です）。

ここでは「**バスは予定された**」という受動関係が適切なので、過去分詞の (A) scheduled「予定された・定期便の」が正解です。

ちなみに schedule が「シェジュール」と発音されることも TOEIC ではよくあり、この発音が取り入れられた当時は話題になりました。ただ実際は意外に聞き取れて、「混乱した」という意見を聞いたことはありません。

隠れポイント76 交通表現をマスター

regularly scheduled bus to ~「~行きの定期バス」や、今回も使われている depart from ~「~から出発する」は、TOEIC で頻出です（depart の名詞形は departure「出発」）。

また、Part 4 のラジオ放送では「交通情報」が頻出なので、合わせて traffic information「交通情報」、detour / alternative[alternate] route「迂回路」、traffic jam「渋滞」も確認しておきましょう。

もちろん TOEIC で役立つというだけでなく、実際に海外に行くと頻繁に出てくる表現で、今回の英文は、海外では思わず笑ってしまうほどそのまま使われていますよ。

語句

□ **regularly** 定期的に
□ **scheduled** 予定された

正解 A

Cheshire 動物園行きのバスの次の定期便は、2 番ターミナルを午前 9 時 45 分に出発します。
(A) 過去形・過去分詞形
(B) -ing 形
(C) 3 人称単数現在形
(D) 原形

問題

Ms. Guerra's new assistant will carry out a wide range of tasks, ------- simple administrative duties to more complex accounting functions.

(A) out
(B) from
(C) by
(D) over

ここで
解く！

Ms. Guerra's new assistant will carry out **a wide range of tasks,** ------- simple administrative duties **to** more complex accounting functions.

🎯 核心 77　from A to B「A から B まで」

適切な前置詞を選ぶ問題です。結論から言ってしまえば、文末の <u>to</u> more complex accounting functions に注目して、from A to B「A から B まで」の形になる、(B) from を選べば OK です。

一応これで解けてしまう単純な問題に見えますが、たとえばこの問題、900 点くらいの人であれば、空所を見た瞬間に（選択肢を見なくても）答えを出せます。そうした人たちが使っている、まさに「隠れポイント」とも言えるその発想を説明します。

隠れポイント77 「多様な〜」の後ろに続く
「お決まりパターン」

空所直前にある a wide range of tasks「幅広い仕事」に注目して
ください。Part 4・7 で出るお店の広告に「多様な品揃え」といった
アピールがよくあります。その際に "a wide 名詞 of ~" という表
現が使われます。

【"a wide 名詞 of ~"「多様な〜」を表す TOEIC 頻出表現】
□ a wide variety of ~　　　□ a wide range of ~
□ a wide selection of ~　　□ a wide array of ~

そしてこういった表現が出てきたときは、具体的にどんなものがあ
るのかを示すのが 1 つのパターンなんです。その際に from A to B
「A から B まで」を使って、品揃えの範囲を示すことがよくあるわ
けです。

今回の英文は広告ではありませんが、ある意味新しいアシスタント
の「宣伝」であり、宣伝広告と同じパターンが使われています。

Chapter 3 | 073▶078

語句

□ **carry out** 行う・実行する
□ **administrative** 管理の
□ **duty** 職務・任務
□ **complex** 複雑な
□ **accounting** 会計処理・経理
□ **functions**（通例、複数形で）
　職務・役割

正解 B

Guerra さんの新しい秘書は、単
純な管理業務から、もっと複雑な
会計の役割まで幅広い仕事を行う
予定です。
(A) 副 〜から外に
(B) 前 〜から
(C) 前 〜により
(D) 前 〜にわたって

問題

To register for our bottled water service, -------
complete the form on our Web site.

(A) simple
(B) simply
(C) simplify
(D) simplicity

ここで
解く！　To register for our bottled water service, -------
complete the form on our Web site.

核心 78　To ~, simply + 原形 .

品詞問題です。To register for our bottled water service が to 不定詞
のカタマリで、コンマの後に空所がきています。空所直後は動詞
complete なので、この時点では空所に S になる名詞が入ることも考
えられます。

しかし選択肢のうち名詞は (D) だけで、「シンプルさが complete す
る」だと変なので、"To ~, 命令文 ." 「〜するためには…しなさい」
の形だと考えてください。ここまで読み進めているみなさんは、こ
の命令文の形が TOEIC で重要だと知っていますよね。まさに今回
もその形です。

動詞 complete からが命令文なので（すでに命令文自体は完成して

いるので）、空所には「**文法上なくてもよい品詞**」＝「**副詞**」が入ると考え、(B) simply を選びます。

「命令文に please をつけるとやわらぐ（少し丁寧になる）」とは習うものの、実は just「**ただ〜だけ**」や simply「**ただ〜だけ**」にも**同じような働きがある**ことはすでに触れました（問題 063）。

まさに今回は "simply ＋ 原形"「**ただ〜するだけで構いません**」という意味です。「〜だけやってくれればいいので」のようなニュアンスが加わり、相手の負担を減らす分だけ、命令の感じが少し薄まるわけです。

ちなみに complete も何度か登場させていますが「（アンケートを）完成させる」という意味で、TOEIC で非常によく使われます。「（すべての項目を）記入する」ということです。

語句

☐ **register for ~** 〜に申し込む・登録する
　※スーパーの「レジ」は「売上を記録・登録する機械」ということ。for は「方向性」→「目的」を表し、register for ~ で「〜に向かって・〜のために登録する」となる。
☐ **bottled** ボトル入りの
☐ **form** フォーム・記入用紙

正解　B

弊社のボトル入り飲料水のサービスに申し込むためには、ホームページ上のフォームに記入するだけです。
(A) 形 単なる
(B) 副 ただ〜だけ
(C) 動 単純にする
(D) 名 単純さ

079. Ms. Hicks warned the new account managers to avoid making ------- about what customers want.

(A) assumes
(B) to assume
(C) assuming
(D) assumptions

080. The first phase of construction of the Hudson Bridge is due ------- by the end of next month.

(A) to complete
(B) to be completing
(C) to completing
(D) to be completed

081. The discount carrier Swift Jet plans to resume its ------- flight from Denver to Pittsburg in August.

(A) daily
(B) rarely
(C) nearly
(D) locally

082. Many articles have been written about the mayor, but Janet Bower's most recent article is particularly -------.

    (A) fascinates
    (B) fascinated
    (C) fascinatingly
    (D) fascinating

083. Mayer Medical is ------- to providing affordable pharmaceuticals to people around the world.

    (A) interested
    (B) involved
    (C) dedicated
    (D) engaged

084. The music festival schedule is ------- to change as more performers are added to the lineup.

    (A) reasonable
    (B) subject
    (C) dependent
    (D) routine

解答・解説 ▶ p.204-215

問題

Ms. Hicks warned the new account managers to avoid making ------- about what customers want.

(A) assumes
(B) to assume
(C) assuming
(D) assumptions

ここで
解く！　Ms. Hicks warned the new account managers to
avoid making ------- about what customers want.

核心 79　make assumptions「推測する」

品詞問題です。英文全体は "warn 人 to do"「人 に～するよう警告する」の形です。to 以下には avoid -ing「～するのを避ける」がきています。共に重要事項の復習で、warn は tell 型の動詞（86 ページ「必殺技 1」）、avoid は直後に -ing をとる動詞でしたね（問題 073）。

avoid making ------- の形では、空所に入るのは making の O、つまり名詞が入るので、(D) assumptions「推測」を選びます。

make assumptions で「**推測する**」という意味になり、avoid making assumptions about ~「～について推測するのを避ける（推測しない)」となります。

assumption の動詞形 assume は重要な多義語で、**本来の「取り入れる」という意味から考える**と整理できます。

【多義語 assume　核心：取り入れる】
①思う　　②引き受ける　　③（態度・性質を）とる・ふりをする

「考えを取り入れる」→「思う」、「責任を取り入れる」→「引き受ける」、「態度を取り入れる」→「（態度・性質を）とる・ふりをする」となりました。

assume の名詞形が assumption で、「思うこと」→「推測・推定」となります。もちろん②と③それぞれの名詞形「引き受けること・態度をとること」という意味もあります。

語句

- □ **warn** 人 **to** *do* 人 に〜するよう警告する・注意する
- □ **account manager** 顧客担当者
- □ **make an assumption** 推測する
- □ **customer** 顧客

正解 D

Hicks 氏は、顧客の求めていることに関して憶測を立てないよう、新任の顧客担当者に注意しました。
(A) 動「推測する」の 3 人称単数現在形
(B) 動 の to 不定詞
(C) 動 の -ing 形
(D) 名 推測

問題

The first phase of construction of the Hudson Bridge is due ------- by the end of next month.

(A) to complete
(B) to be completing
(C) to completing
(D) to be completed

ここで
解く！
　　The first phase of construction of the Hudson Bridge is due ------- by the end of next month.

◎核心 80　be due to *do*「～する予定だ」

長い S（The first phase of construction of the Hudson Bridge）の後にきている is が V です。空所直前の is due に注目して、be due to *do*「～する予定」という熟語だと考えます。

今回は選択肢がすべて to なので、その後の complete と S の関係を考えると「建設工事の第一段階は完了される」という受動関係が適切です。(D) to be completed が正解となります。

隠れポイント 80　多義語 due は「あ～、来ちゃう…」

due は TOEIC での超重要単語ですが、900 点以上の人でもきちん

と理解できていないか訳語を丸暗記しているだけなのが現状です。

due の核心は「あ〜、来ちゃう…」というイメージで、以下の意味を確認してみてください。

【多義語 due　核心：「あ〜、来ちゃう」】

①締め切りが来た　　　　　　　※「イヤなものが来ちゃう」

②支払われるべき　　　　　　　※「支払日が来ちゃう」

③到着予定の　　　　　　　　　※「待っているものが来る」

④〜する予定だ（be due to do）※「動作が来る」

⑤〜のために（due to ~）　　　※「原因となるものが来る結果…」

---

be due to do は「〜する動作が来ちゃう」→「〜することになっている・〜する予定だ」ということです。その他の意味も TOEIC では大事で、「締め切りがきた」「支払われるべき」「到着予定の」は主に Part 2・3・4 で、「〜のために（due to ~）」は Part 5・7 で頻出です。

語句

□ **phase** 段階

□ **construction** 建設・工事

□ **complete** 完了する・完成させる

正解 D

Hudson 橋の建設工事の第一段階は、来月末までには完了する予定です。

(A) to 不定詞

(B) 進行形の to 不定詞

(C) 前 to + -ing 形

(D) 受動態の to 不定詞

問題

The discount carrier Swift Jet plans to resume its
------- flight from Denver to Pittsburg in August.

(A) daily
(B) rarely
(C) nearly
(D) locally

ここで
解く！　　The discount carrier Swift Jet plans to resume its
　　　　　 ------- flight from Denver to Pittsburg in August.

◎ 核心 81 　"-ly" なのに「形容詞」

品詞問題です。The discount carrier Swift Jet が S（The discount carrier と Swift Jet が同格で並んでいる）、plans to resume が V、its ------- flight が resume の O になります。

its ------- flight の形から、空所には直後の名詞（flight）を修飾する「形容詞」が入ると考えます。「**所有格＋形容詞＋名詞**」の形です。

選択肢の中で形容詞として使えるのは、(A) daily「毎日の」だけで、これが正解です。他の選択肢はすべて「副詞」です。**選択肢だけを見ると、「意味」が問われるように思えますが、実は品詞問題**だったわけです。

"-ly" で終わる単語の特徴

「-ly で終わる単語」はほとんどが「副詞」ですが、今回の daily のように例外もあります。ただこれを丸暗記する前に、ぜひチェックしてほしい法則があります。

> 【-ly の品詞判別パターン】
> ①圧倒的多数：形容詞 + ly = 副詞
> ②ほんの少し：名詞・動詞 + ly = 形容詞

(B) rare + ly = rarely、(C) near + ly = nearly、(D) local + ly = locally はすべて「形容詞 + ly = 副詞」ですね。ところが、**名詞や動詞に -ly がつくと「形容詞」になるんです**。daily は day + ly です（y→i につづりは変わっていますが）。以下、Part 5 で狙われる「-ly で終わる形容詞」をチェックしておきましょう。

> 【-ly で終わる形容詞（名詞・動詞 + ly = 形容詞）】
> □ friendly「親切な」　□ lonely「孤独な」
> □ timely「タイミングの良い」　□ costly「高価な」　□ daily「毎日の」
> □ hourly「1 時間ごとの」　□ weekly「毎週の」　□ monthly「毎月の」
> ※最後の 4 つは「時」を示す「副詞」としても使われる。

ちなみに、likely は形容詞「ありそうな」と副詞「たぶん」の 2 つがあります。反意語の unlikely も同様です。

語句

□ **discount** 格安の・安売りの
□ **carrier** 航空会社　※「運ぶ (carry) 人 (er)」→「運送会社・通信会社」。格安航空会社を表す LCC は low cost carrier のこと。
□ **resume** 再開する

正解　A

格安航空会社の Swift Jet は、デンバーからピッツバーグまでの毎日の直行便を 8 月に再開する予定です。
(A) 形 毎日の
(B) 副 めったに～しない
(C) 副 ほとんど
(D) 副 局所的に

問題

Many articles have been written about the mayor, but Janet Bower's most recent article is particularly -------.

(A) fascinates
(B) fascinated
(C) fascinatingly
(D) fascinating

ここで
解く！

Many articles have been written about the mayor, but Janet Bower's most recent **article is** particularly -------.

◎ 核心 82　fascinate は「夢中にさせる」

「感情動詞」の使い方がポイントです。but 以降は Janet Bower's most recent article が S、is が V、particularly ------- が C になります（particularly は空所に入る単語を修飾すると考えられる）。

選択肢は動詞 fascinate「夢中にさせる」が使われています。**感情動詞は「～させる」という意味になるのが原則でしたね**（問題 045）。英文は「記事が（人を）夢中にさせるような」という能動関係になるので、(D) fascinating「夢中にさせるような・興味深い」が正解です。

今回は、感情動詞 fascinate の意味に加えて、-ing と p.p. の判別も求められています。

> **【「感情動詞」を分詞で使うときのポイント】**
> ①「その気持ちに<u>させる</u>」→ -ing
> ②「その気持ちに<u>させられる</u>」→ p.p.

fascinating は「夢中に<u>させる</u>ような」、fascinated なら「夢中に<u>させられた</u>」→「夢中になった」となります。今回は「記事が（人を）夢中に<u>させる</u>ような」となるので、-ing が正解です。

隠れポイント 82 多義語 article

今回 article という単語が 2 回も出てきますが、「記事」という意味です。article の意味は Part 7 でズバリ問われることもあるので、チェックしておきましょう。**核心は「ひとかけら」**です。

> **【多義語 article　核心：ひとかけら】**
> ①商品・物　　②記事　　③（契約の）条項

「ひとかけら」といっても、決してガラクタではなく「たくさんあるうちのほんの 1 つ」というイメージで、「商品・物」となります。また、「新聞・雑誌の中のひとかけら」→「記事」です。「契約の中のひとかけら」→「条項」という意味もあります。

正解　D

市長については多くの記事が書かれてきましたが、Janet Bower が書いた最新の記事は特に興味深いです。
(A) 動「興味を持たせる」の 3 人称単数現在形
(B) 形 興味を持った／動 の過去形・過去分詞形
(C) 副 興味深いことに
(D) 形 興味深い／動 の -ing 形

語句

□ **mayor** 市長
□ **particularly** 特に

問題

Mayer Medical is ------- to providing affordable pharmaceuticals to people around the world.

(A) interested
(B) involved
(C) dedicated
(D) engaged

ここで
解く！　Mayer Medical is ------- to providing affordable pharmaceuticals to people around the world.

🎯 **核心** 83　**be dedicated to -ing
「〜するのに専念する」**

動詞の語法がポイントです。空所前後の is ------- to providing という形に注目して、(C) dedicated を選び、be dedicated to -ing「〜するのに専念する」という表現にします。

元々は dedicate A to B「A を B に捧げる」で、A に oneself、B に -ing がくると、「自分自身を（oneself）〜することに捧げる」→「〜に専念する」となります。これが受動態になったのが、be dedicated to -ing です。

ちなみに、(A) は be interested in 〜「〜に興味がある」、(B) は be involved in[with] 〜「〜に関わっている」、(D) は be engaged in 〜「〜

に従事している」の形でよく使われます。

隠れポイント 83 前置詞 to +動名詞 -ing を使った「専念する」

be dedicated to -ing の to は前置詞なので、直後には動名詞がきます。これと同じ形・同じ意味をとるものを一気にマスターしておきましょう。

【「～することに専念する」の重要表現】
☐ devote oneself to -ing / be devoted to -ing
☐ dedicate oneself to -ing / be dedicated to -ing
☐ commit oneself to -ing / be committed to -ing
※問題 068 で be committed to -ing が使われましたね。

---

devote は「捧げる」、commit は「委ねる・与える」という意味です。その「捧げる」「委ねる」相手を to 以下で示します。つまりこの to は単純に「方向を示す前置詞 to」です。

語句

☐ **provide** 提供する ※今回は provide 物 to 人「物を人に提供する」の形。
☐ **affordable** 手頃な
☐ **pharmaceuticals**（通例、複数形で）薬

正解 C

Mayer Medical は、世界中の人々に手頃な値段の薬を提供することに尽力しています。
(A)（be interested in）～に興味がある
(B)（be involved in[with]）～に関わっている
(C)（be dedicated to -ing）～するのに専念している
(D)（be engaged in）～に従事している

問題

The music festival schedule is ------- to change as more performers are added to the lineup.

(A) reasonable
(B) subject
(C) dependent
(D) routine

ここで解く！ > The music festival schedule is ------- to change as more performers are added to the lineup.

核心 84　「変更の可能性あり」を表すには？

語彙問題です。空所前後の is ------- to change という形に注目して、(B) subject を選び、be subject to ~「~を受ける・~する可能性がある」という表現にします。

他の選択肢で熟語としてチェックしておくものは、(C) dependent で、これは be dependent on ~「~に依存している・~次第だ」の形が大事です（依存の on）。

be subject to change で「**変更の可能性がある**」です（広告や看板で"Subject to change"「変更の可能性あり」と使われます）。ちなみにこの to は前置詞なので、ここでの change は名詞です。

Part 7 で、この be subject to change「変更の可能性がある」が出てきたら、**「変更」をにおわす、重要な「含み表現」としてチェック**してください。その後に「変更になる」という内容が出てくる可能性が高いです。

また、似た表現として be subject to weather condition「**天候によって変更の可能性がある**」も押さえておきましょう。「天候の影響下にさらされている・天候に左右される」というイメージです。

隠れポイント 84 多義語 subject

subject 自体が重要な多義語なので、ここで確認しておきましょう。sub は「下」という意味で、subject の核心は「**対象を下に置く**」です。

【多義語 subject　核心：対象を下に置く】
①主題・主語　②科目　③被験者
④〜の支配下にある（be subject to ~）
⑤〜の影響下にさらされている・〜を受ける・〜に左右される（be subject to ~）

「主題」「科目」は、何かを語るときに「心の下に置くもの」、実験で「対象を下に置く」→「被験者（実験される人）」となります。be subject to ~ は「〜に対して下に置かれている」→「の支配下にある」→「〜のなすがまま」→「〜の影響下にさらされている・〜を受ける・〜に左右される」となるわけです。

正解 B

その音楽フェスのスケジュールは、より多くの出演者がラインナップに加わるのに伴って変更の可能性があります。
(A) 形 合理的な
(B) 形 影響されやすい
(C) 形 依存して
(D) 形 決まった

語句
□ **performer** 出演者
□ **add A to B** A を B に加える
□ **lineup** ラインナップ・顔触れ

085. ------- Mr. O'Connell's flight arrives by 5:00 P.M., he
will make it to the film award ceremony on time.

(A) Subsequent to
(B) In case of
(C) Provided that
(D) Even though

086. The researchers contacted the executive editor of
Science Sphere ------- to publish their findings in
the journal.

(A) hopes
(B) hoping
(C) hope
(D) hoped

087. The East Falls Historical Committee has 17
members, all of ------- are current or former city
employees.

(A) it
(B) us
(C) them
(D) whom

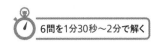

088. ------- you have any questions about the prices of any of our carpets, call Carpet King at 555-2773.

(A) Could
(B) Shall
(C) Might
(D) Should

089. Dr. Weaver's records show that Alicia Crane's ------- dental check-up was on November 12.

(A) lasts
(B) last
(C) lasted
(D) lastly

090. Ms. Merrill informed the travel agent of her ------- flight times when making travel arrangements.

(A) prefer
(B) preference
(C) preferentially
(D) preferred

解答・解説 ▶ p.218-229

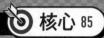

------- Mr. O'Connell's flight arrives by 5:00 P.M., he will make it to the film award ceremony on time.

(A) Subsequent to
(B) In case of
(C) Provided that
(D) Even though

ここで
解く！　------- Mr. O'Connell's flight arrives by 5:00 P.M., he will make it to the film award ceremony on time.

核心 85　「条件」を表す従属接続詞

「前置詞 vs. 接続詞」がポイントです。空所の後は、Mr. O'Connell's flight arrives という sv がきて、コンマの後には he will make という SV がきています。つまり "------- sv, SV." という形なので、空所には「従属接続詞」が入るとわかります。

接続詞は、(C) Provided that「もし～なら」と、(D) Even though「～だけれども」だけです。「もし到着するなら、間に合う」という流れが自然なので、(C) Provided that が正解です。

provided that sv は、直訳「sv ということを（条件として）与えられると」→「もし sv なら」となりました。ちなみに、「時・条件を表す副詞節の中では未来のことでも現在形」というルールにより、

現在形 arrives が使われています（問題 006）。

(A) Subsequent to ~「～の後で」と (B) In case of ~「～の場合に備えて」は前置詞に相当する表現です。(A) Subsequent to ~ の直訳は「～に対して（to）後に続く（subsequent）」です。

隠れポイント 85　たくさんの意味を持つ make it

主節の意味を理解するためには、make it to ~「～に間に合う」という熟語を知っておかないといけません。make it はどの意味であれ「うまくいく」から考えてみてください。

【make it の意味　核心：うまくいく】
①成功する　　②都合がつく　　③間に合う

「都合がつく」や「間に合う」などの、「ちょっとしたことがうまくいく」ときに使われます。「間に合う」という意味のときは to がついて、make it to ~「～に向かって（to）うまくいく」→「～に間に合う」となることもあり、今回はその形が使われています。ちなみに、文末の on time「時間通りに」とも相性が良い表現です。

語句

☐ **flight** 航空便・フライト
☐ **award** 賞
☐ **ceremony** 式典
☐ **on time** 時間通りに

正解　C

O'Connell 氏の航空便が午後 5 時までに到着するなら、映画の授賞式に時間通り間に合うでしょう。
(A) 前 ～の後で
(B) 前 ～の場合に備えて
(C) 接 もし～ならば
(D) 接 ～だけれども

問題

The researchers contacted the executive editor of *Science Sphere* ------- to publish their findings in the journal.

(A) hopes
(B) hoping
(C) hope
(D) hoped

ここで
解く！　The researchers contacted the executive editor of *Science Sphere* ------- to publish their findings in the journal.

◎ 核心 86 　後ろにきた分詞構文

The researchers contacted the executive editor of *Science Sphere* は SVO となって、文が完成しています。空所以下は「直前の名詞を修飾する」か「副詞のカタマリ」と考えられます。

選択肢を見ると、動詞 hope を使ったものが並んでいます。「動詞を副詞化したもの」→「分詞構文」と考えて、(B) hoping が正解です。S は The researchers なので、「研究者が〜したいと思う」という能動関係が適切です。

ちなみに、「分詞構文が後ろにきたときはコンマがいるのでは？」という質問がよくあります。確かに文法書では分詞構文の例文がそうなっているものがほとんどなのですが、現実には、コンマなしの分

詞構文は普通に使われるので、今回の英文を読み返して慣れておきましょう。

隠れポイント86　分詞構文のとらえ方

文法書では5つの訳し方（時・理由・条件・譲歩・付帯状況）が羅列されていますが、そういったことを覚える必要はありません。実は、**分詞構文の意味は「位置」によって決まります**。

分詞構文は「副詞のカタマリ」なので、「文頭・文中・文末」どこにでも置けます（副詞の位置は自由度が高いため）。

【分詞構文の「意味」】

①文頭【前】　-ing ~ , S V.　適当に訳す

②文中【真ん中】 S, -ing ~ , V.　適当に訳す

③文末【後ろ】 S V(,) -ing ~ .「そして・〜しながら」

分詞構文が「前・真ん中」にある場合は、前後の内容から「適切なつなぎ方」をすればOKです。「〜して、SVだ」「〜で、SVだ」のように「して・で」と考えれば、大体の意味はとれてしまいます。

分詞構文が「後ろ」にきた場合は「補足説明」の役割があります。「そして」か「〜しながら」を使って、「SVだ。そして〜だ」「〜しながら、SVだ」と考えればOKです。今回の hoping to publish ~ も「発表したいと思いながら（編集長に連絡した）」くらいの意味です。

語句

- □ **researcher** 研究者
- □ **contact** 連絡する
- □ **executive editor** 編集長
- □ **publish** 発表する
- □ **findings**（通例、複数形で）
  明らかになったこと・発見
- □ **journal** 雑誌

正解　B

研究者たちは、自分たちの発見をその雑誌で発表したくて *Science Sphere* の編集長に連絡をとりました。

(A) 3人称単数現在形

(B) -ing 形

(C) 原形

(D) 過去形・過去分詞形

問題

The East Falls Historical Committee has 17 members, all of ------- are current or former city employees.

(A) it
(B) us
(C) them
(D) whom

ここで解く！ The East Falls Historical Committee has 17 members, all of ------- are current or former city employees.

核心 87　「文をつなぐ」という視点

関係詞の問題です。The East Falls Historical Committee has が SV です。ところがコンマの後も、all of ------- are という SV があります。なぜか学校英語では強調されませんが、**コンマで文はつなげません**。

```
× SV, SV.
◎ SV 接続詞（等位・従属） SV.　　◎ 従属接続詞 sv, SV.
◎ 分詞構文 ~, SV.　　　　　　　　◎ SV 関係詞 sv.
```

今回の問題では、「空所の位置に接続詞は置けない」「分詞構文でもない」ので、関係詞を考えます。(D) whom を選んで、all of whom ~ とすれば、2 つの SV をつなぐことができるわけです。

「2つの SV をつなぐ」という大きな視点で解答は出ましたが、この文の構造を理解しておくことは、Part 7 対策としても大切です。今回の英文は、元々は以下の2つの文に分かれていました。

① The East Falls Historical Committee has 17 members.

② All of them are current or former city employees.

2つの文を関係詞でつなぐために、②の All of them → All of whom に変えます。

ここで普通は「whom だけ・of whom だけを前に出す」ことがよくありますが、本来 All of them で1つのカタマリなので、「All of whom を1つの関係詞のカタマリ」と考えて、このまま①の文にくっつけると今回の問題文になるのです。

The East Falls Historical Committee has 17 members, all of whom are current or former city employees.

意味をとるときは、元の文を意識して、①の文→②の文とつなげるのが一番自然で簡単です。

語句

□ **committee** 委員会
□ **current** 今の
□ **former** 元の・前の
□ **city employee** 市役所職員

正解 D

East Falls Historical Committee には17人の委員がおり、その全員が現または元市役所職員です。
(A) 代 それ
(B) 代（目的格）私たちを・に
(C) 代（目的格）彼らを・に
(D) 関係代名詞（目的格・先行詞は 名 [ここでは 17 members]）

問題

------- you have any questions about the prices of any of our carpets, call Carpet King at 555-2773.

(A) Could
(B) Shall
(C) Might
(D) Should

ここで
解く！

------- **you have any questions** about the prices of any of our carpets, **call** Carpet King at 555-2773.

核心 88　仮定法の if の省略→倒置

Part 7

仮定法の問題です。空所の後は、you have が sv で、コンマの後は動詞の原形 call がきているので命令文です。この形から空所に接続詞が入ることを予想しますが、選択肢を見ると助動詞が並んでいます。

この問題文は、**本来は「未来のことを表す仮定法 should」を使った英文**です。

【should を使った仮定法】

If s should 原形 , 命令文 .「万が一〜ならば…してください」

※主節は、S would 原形 などいろいろな形が可能（ただし命令文が一番よく使われる）。

そして「仮定法の if は省略できる。ただし省略した目印として**倒置が起きる**」というルールがあります（この場合の「倒置」とは「SVが入れ替わること」で、要するに「疑問文の語順になること」です）。よって正解は (D) Should で、"Should s 原形 , 命令文 ." となります。

 倒置できるのは Were / Had / Should

TOEIC の勉強をある程度している人は、Should you have any questions という形をよく目にするので、ノリで解けてしまった人もいると思います。事実、何の説明もなしに、Should you have any questions を「もし何か質問があれば」と丸暗記させる対策本が散見されます（もうメチャクチャだと私は思うのですが）。

仮定法の倒置は should だけではありませんので、ここできっちり確認しておきましょう。should 以外に、were と had も倒置で使えます。

【仮定法の倒置が起きるパターン（仮定法過去完了の場合）】

If s had p.p., S would have p.p.

Had s p.p., S would have p.p.「もし〜だったら、…だろうに」
※倒置になっても英文の「意味」は変わりません。

正解 D

当店のカーペットの価格に関して何か質問がございましたら、電話番号 555-2773 の当 Carpet King までご連絡ください。
（選択肢の訳は省略）

語句

□ **call** 電話する

問題

Dr. Weaver's records show that Alicia Crane's -------
dental check-up was on November 12.

(A) lasts
(B) last
(C) lasted
(D) lastly

ここで解く！　Dr. Weaver's records show that **Alicia Crane's ------- dental check-up was** on November 12.

◎ 核心 89　「所有格＋形容詞＋名詞」の別パターン

品詞問題です。Dr. Weaver's records show が SV で、that ~ が show
の O となります。接続詞 that の後には sv がくるはずなので、
Alicia Crane's ------- dental check-up が長い s で、was が v です。

Alicia Crane's は（名前だからわかりにくいですが）所有格ですね。
その後には名詞がくるはずですが、その名詞に当たるのが dental
check-up です。

つまり空所には dental check-up を修飾する形容詞が入るので、
(B) last「最後の」を選びます。問題 070 で次のまとめを載せました
が、そこで紹介した「逆パターン」が今回の問題です。

【名詞が入る TOEIC 頻出の出題パターン】
①所有格+（名詞）
②所有格+形容詞+（名詞）
③＜逆パターン＞所有格+（形容詞）+名詞

隠れポイント 89　last は「最後まで続く」

今回の last は、とても単純に「最後の」という形容詞でしたが、ハイスコアを目指すみなさんは「続く」という動詞の意味も押さえてください。

【多義語 last　核心：最後まで続く】
①最後の
②最新の　※直訳「これまで出てきた中で最後の」。この意味では latest を使うことが多い。
③続く　※動詞。

last は「**最後まで続く**」と覚えれば簡単です。また、化粧品や日焼け止めの CM で「ラスティング効果（lasting）」とよく使われるのですが、これは「メイクなどが続く（落ちない）効果」ということです。

正解　B

Weaver 医師の記録によると、Alicia Crane が最後に歯科検診を受けたのは 11 月 12 日のことです。
(A) 動「続く」の 3 人称単数現在形
(B) 形 最後の
(C) 動 の過去形・過去分詞形
(D) 副 最後に

語句

□ **record** 記録
□ **dental** 歯医者の
□ **check-up** 検診

問題

Ms. Merrill informed the travel agent of her -------
flight times when making travel arrangements.

(A) prefer
(B) preference
(C) preferentially
(D) preferred

ここで
解く！　Ms. Merrill informed the travel agent of her -------
flight times when making travel arrangements.

◎ 核心 90　「所有格＋形容詞＋名詞」の 別パターン②

品詞問題です。英文は、"inform 人 of 物"「人 に 物 を知らせる」の形です（tell 型の動詞は「必殺技 1」［86 ページ］）。この 物 の部分に her ------- flight times がきています。

「所有格＋形容詞＋名詞」のパターンで、空所には直後の名詞 flight times（名詞＋名詞の形になっています）を修飾する形容詞や過去分詞が入るはずです。選択肢で名詞を修飾できるのは、(D) preferred「望ましい」だけなので、これが正解です。動詞 prefer「好む」の過去分詞で、「好まれる」→「好みの・望ましい」となります。

Part 5 頻出の難しい「過去分詞」をチェック！

今回の preferred のように、よく出てくるのにちょっとわかりにくい過去分詞を整理しておきましょう。

【品詞問題で狙われる難しめの「過去分詞」を使った表現】

☐ preferred customer「優良顧客」
☐ updated list「最新の・更新されたリスト」
☐ estimated cost「見積もり（見積もられた）費用」
☐ experienced accountant「経験豊富な会計士」
☐ enclosed survey「同封のアンケート」（問題 051）
☐ authorized personnel「権限を与えられた職員」（問題 037）
☐ customized marketing solutions「オーダーメイドのマーケティングの解決策」（問題 068）
☐ accomplished performers「一流の歌手」（問題 046）

---

experienced は「経験を持たされた」→「経験豊かな」となり、もはや辞書によっては「形容詞」として載っています。ちなみに、preferred customer「優良顧客」は「商品やサービスをよく使ってくれるので、お店側の対応・サービスをよく受けられる客」のことです（一般会員に対して「ゴールド会員」のようなイメージ）。

語句

☐ **travel agent** 旅行代理店の担当者
☐ **when making** 〜するときに
※ when (she was) making。
☐ **arrangement** 手配・準備
※動詞 arrange は、本来「きちんと並べる」→「取り決める・手配する」。「あれこれの手配」で複数形 arrangements となる。

正解　D

Merrill さんは、旅行の手配をする際、旅行代理店の担当者に希望のフライト時刻を伝えました。
(A) 動 好む
(B) 名 好み
(C) 副 優先的に
(D) 形 望ましい

動詞を使った「因果表現」を制覇

ビジネスで何か問題が生じたときに「原因を突きとめる・結果を分析する」ことは重要で、TOEIC でもよく問われます（特に Part 7）。because of ~「～が原因で」のような前置詞表現は本書の問題でも出てくるので、ここでは動詞を使った表現をチェックしておきましょう。単語の訳語だけでなく「原因」と「結果」の関係を意識することが重要です。

---

① 原因 V 結果 の形をとるもの 「原因 によって 結果 になる」

☐ 原因 cause 結果   ☐ 原因 bring about 結果

☐ 原因 lead (up) to 結果   ☐ 原因 contribute to 結果

☐ 原因 give rise to 結果   ☐ 原因 result in 結果

☐ 原因 is responsible for 結果

※ cause は問題 073 で出てきました。

---

② 結果 V 原因 の形をとるもの 「結果 は 原因 によるものだ」

☐ 結果 result from 原因   ☐ 結果 come from 原因

☐ 結果 arise from 原因   ☐ 結果 stem from 原因

☐ 結果 is attributable to 原因

---

③ V 結果 to 原因 の形をとるもの 「結果 を 原因 によるものだと考える」

☐ owe 結果 to 原因   ☐ attribute 結果 to 原因

☐ ascribe 結果 to 原因   ☐ credit 結果 to 原因

【応用】受動態でよく使われるもの   ※特に 原因 と 結果 を意識!

☐ 結果 is caused by 原因

☐ 結果 is brought about by 原因

☐ 結果 is attributed to 原因

Chapter **4**

神速へ！
総仕上げの
12問

091. In his marketing seminar, Sean Demarco says that the best way to come up with new marketing strategies is ------- talking to customers.

(A) by
(B) for
(C) from
(D) as

092. Ms. Montague is awaiting a delivery of toner from Foster Office Supplies ------- she can finish printing the flyers.

(A) although
(B) because of
(C) so that
(D) such as

093. The president of Henralt Aluminum congratulated the staff ------- doubling sales in the second quarter.

(A) of
(B) to
(C) on
(D) as

094. The Welland Residents Committee will decide tomorrow ------- to increase the frequency of their meetings.

(A) as
(B) although
(C) because
(D) whether

095. Cancellations must be made by no ------- than April 22 in order to be eligible for a full refund.

(A) longer
(B) further
(C) later
(D) greater

096. In addition to ------- the Schmitz Prize, James Dewey won the prestigious Elburn Award for Architecture.

(A) winning
(B) win
(C) won
(D) winner

解答・解説 ▶ p.234-245

問題

In his marketing seminar, Sean Demarco says that the best way to come up with new marketing strategies is ------- talking to customers.

(A) by
(B) for
(C) from
(D) as

ここで
解く！

In his marketing seminar, Sean Demarco says that **the best way** to come up with new marketing strategies **is** ------- talking to customers.

核心 91　「手段」を表すのは？

文脈に合う前置詞を選ぶ問題です。Sean Demarco says that ~ で、接続詞 that の後ろには sv が続くはずです。the best way to come up with new marketing strategies が長い s、is が v になります。

ここまででヒントになるようなことはないので、選択肢を見て、適切な文脈になるような前置詞を選ぶしかありません。

「~するベストな方法（the best way to *do*）は、顧客と話すこと（talking to customers）」という内容から、「**手段・方法**」を表す (A) by（~によって）を選びます。

the best way to come up with ~ では、come up with ~「~を思いつく・考えつく」という熟語が使われていました。

come up with の come up は「（考えが浮かぶ状態に）やってくる」、with は「所有」を表すので、「考えを頭の中に所有する」イメージです。

「思いつく」という意味の熟語は、訳語だけでなく、**直後の O にくるのが「考え」なのか「人」なのかも意識することが重要**です。

【「思いつく」の熟語の使い分け】

（1）目的語に 考え がくる

① 人 hit upon[on] 考え　　　② 人 come up with 考え

※ hit upon の hit は「アイディアがヒットする」、upon[on] は「接触」を表すので、「意識が 考え に接触する」イメージです。

（2）目的語に 人 がくる

① 考え occur to 人　　　② 考え strike 人

※ occur は「起こる」という意味で、occur to 人 で「人 に考えが起こる・生じる」です。strike は「打つ」で、「頭を打つ」→「思いつく」となりました。

語句

□ **marketing** マーケティング

□ **seminar** セミナー

□ **way** 方法

□ **strategy** 戦略

□ **talk to ~** ~と話す

□ **customer** 顧客

正解　A

Sean Demarco は、マーケティングセミナーで、新しいマーケティング戦略を考えつくための最適な方法は顧客と話すことであると言っています。

(A) 前 ~によって

(B) 前 ~のための

(C) 前 ~から

(D) 前 ~として

問題

Ms. Montague is awaiting a delivery of toner from
Foster Office Supplies ------- she can finish printing
the flyers.

(A) although
(B) because of
(C) so that
(D) such as

ここで
解く！　Ms. Montague is awaiting a delivery of toner from
Foster Office Supplies ------- she can finish
printing the flyers.

◎ 核心 92　後ろに sv をとるのは？

Ms. Montague is awaiting が SV で、a delivery of toner from Foster
Office Supplies が O です。ここまでで SVO という文が完成してい
ます。ちなみに、wait「待つ」は自動詞ですが、await「待つ」は他
動詞で直後に名詞をとります。

空所以降は、she can finish と sv が続いているので、空所には「接
続詞」が入ると考えます。(C) so that を選んで、"so that s 助動
詞 v"「sv するために」の形にすれば OK です。

(A) although「〜だけれども」は接続詞ですが、意味が通りません。
他の選択肢は「前置詞」扱いで、後ろに「名詞」がくるのでアウト
です。

隠れポイント⁹² so ~ that ... vs. so that ...

今回の "so that s 助動詞 v"「sv するために」は、有名な（中学で必ず習う）"so ~ that sv"「とても～なので…だ・…なくらい～だ」としっかり区別しておきましょう。

ここで、「so と that が離れると『結果・程度』」「くっつくと『目的』」になるという関係を押さえておくと、他の熟語もセットで整理できます。

【so を使った熟語の整理】

	離れる → 【結果・程度】 「とても～なので…」 「…なくらい～だ」	くっつく → 【目的】 「～するために」
so・that	so ~ that sv	so that sv（助動詞 *）
so・as to	so ~ as to do	so as to do

*will・can・may などがよく使われる。

つまり、「so が離れる」という視点で見れば、so ~ as to do = so ~ that sv、「so がくっつく」という視点で見れば、so as to do = so that sv だと整理できてしまうのです（もちろん to の後ろは 原形、that の後ろは sv という違いはあります）。

語句

□ **await** 待つ
□ **delivery** 配達
□ **toner** トナー
□ **flyer** チラシ・ビラ　※「空を飛ぶ（fly）ようにやってくるもの」→「チラシ」。

正解 C

Montague さんは、チラシの印刷を終わらせられるように、Foster Office Supplies からトナーが配達されてくるのを待っています。
(A) 接 ～だけれども
(B) 前 ～のために
(C) 接 ～するように
(D) 前 ～のような

問題

The president of Henralt Aluminum congratulated the staff ------- doubling sales in the second quarter.

(A) of
(B) to
(C) on
(D) as

ここで
解く！　The president of Henralt Aluminum congratulated the staff ------- doubling sales in the second quarter.

核心 93　congratulate の語法

動詞の語法がポイントです。The president of Henralt Aluminum が S、congratulated が V です。"congratulate 人 on ~"「~のことで 人 を祝う」の形を意識して、(C) on を選べば OK です。

on は本来「接触」を表しますが、ここでは「意識の接触（~について）」となり、「~について 人 を祝う」→「~で 人 を祝う」となりました。

選択肢は前置詞が並んでいます。前置詞はどうしても直後の名詞との関係ばかりを考えてしまうだけに、動詞の語法をしっかりマスターしておくことが大切になります。そうすれば、動詞を見た時点で後に続く前置詞を予想できるからです。

※「まず選択肢や空所の前後を先に見ること」を推奨しない本書を読んでいるみなさんだからこそ解けるようになってほしい問題です。多くの受験者が空所直後の doubling ばかりを見て答えを出そうとしてしまうからです。

隠れポイント 93　double の動詞用法

動詞の double も TOEIC では重要になります。形容詞「倍の」以外に動詞の「倍に増える・増やす」を押さえておいてください。

今回は動名詞になっていて、congratulated the staff on <u>doubling sales in ~</u>「～で売上を 2 倍に伸ばしたことで従業員を祝った」となっています。

他にも、double the number of downloads in three months「3 カ月でダウンロード数を倍に増やす」のように使われます。ちなみに（TOEIC では出ませんが）、算数でも Double ten and you get twenty.「10 を 2 倍にすると 20 になる」のように使われます。

語句

☐ **president** 社長
☐ **staff** 従業員
☐ **sales**（複数形で）売上高
☐ **second quarter** 第 2 四半期

正解　C

Henralt Aluminum の社長は、第 2 四半期に売上を 2 倍に伸ばしたことで従業員を祝いました。
(A) 前 ～の
(B) 前 ～に
(C) 前 ～について
(D) 前 ～として

問題

The Welland Residents Committee will decide tomorrow ------- to increase the frequency of their meetings.

(A) as
(B) although
(C) because
(D) whether

ここで
解く！　The Welland Residents Committee will decide tomorrow ------- to increase the frequency of their meetings.

核心 94　whether to *do* 「〜するかどうか」

The Welland Residents Committee が S、will decide が V で、空所以下は O（名詞のカタマリ）になると考えます。decide の直後にある tomorrow は副詞なので、"SV 副詞 O" のように、副詞が割り込んだと考えます（これは O が長い場合によく起きることです）。

空所には「名詞のカタマリを作るもの」が入るので、(D) whether「〜かどうか」が正解です。whether は「副詞節だけでなく、名詞節も作る接続詞」として覚えておいてください。ここではさらに発展して、whether to *do*「〜するかどうか」の形で使われています。whether to increase 〜「〜を増やすかどうか」となります。

(A) as は前置詞と接続詞の両方がありますが、いずれにせよ副詞節を作ります（ちなみに as to ~「～について」という前置詞の用法があります）。(B) although と (C) because は共に「（副詞節を作る）接続詞」です。

隠れポイント 94 「名詞節」も作る 従属接続詞

従属接続詞は原則「副詞節」を作ります。しかし that / if / whether の3つだけは「名詞節」も作ることができます。特に if と whether をセットで整理しておくといいでしょう。どちらも「名詞節」を作る場合は、「～かどうか」という意味になります。

【if / whether の意味】

接続詞 ＼ 何節?	副詞節	名詞節
if	もし～・たとえ～でも	～かどうか
whether	～であろうとなかろうと	

名詞節を作る if には細かい制約がありますが、重要なことは「名詞節の if は目的語だけ（主語にならない）」ということです。

正解 D

Welland 住民委員会は、会議の開催頻度を増やすかどうか明日決定する予定です。
(A) 前 ～として／接 ～のように
(B) 接 ～だけれども
(C) 接 ～なので
(D) 接 ～かどうか

語句

□ **increase** 増やす
□ **frequency** 頻度

問題

Cancellations must be made by no ------- than April 22 in order to be eligible for a full refund.

(A) longer
(B) further
(C) later
(D) greater

ここで
解く！　Cancellations must be made by no ------- than
April 22 in order to be eligible for a full refund.

核心 95 「期限」を表す 重要表現

Part 2　Part 3　Part 4　Part 7

熟語の問題です。空所前後の by no ------- than という形に注目して、(C) later を選び、by no later than ~「～までには」とします。直訳「～より (than) 遅くなる (later) ことは、決してない (no)」→「～までには」と考えます。

ビジネスでは「納期」が大事なだけに、TOEIC でも重要な表現となります。ちなみに、no later than ~ だけでも OK なのですが、「期限」を意識して、「～までには」という意味の by がくっつくときもあり、今回はその形です（問題 020 でも解説しました）。

後半に、be eligible for ~「～の資格がある」という熟語があります。for は「範囲」を表し、「～において（for）資格・権利がある（be eligible）」ということです。

今回は正解を出すのに必要ありませんでしたが、TOEIC で超重要な表現です（Part 7 で解答のキーになることがよくあります）。類似表現も含めて、以下でまとめてチェックしておきましょう。

【「資格・権利がある」を表す重要表現】

□ be eligible for ~「～の資格がある・～の権利がある」

□ be qualified for ~「～の資格がある・～に適任の」

□ be entitled to ~/do「～の資格がある・～する権利がある」（問題 075）

語句

□ **cancellation** キャンセル

□ **in order to do** ～するために

□ **full** 全額の

□ **refund** 返金

正解 **C**

全額返金の対象となるためには、キャンセルは 4 月 22 日までにしていただく必要があります。

(A) 形「長い」の比較級

(B) 形 より一層の

(C) 形「（時期が）遅い」の比較級

(D) 形「素晴らしい」の比較級

問題

In addition to ------- the Schmitz Prize, James Dewey won the prestigious Elburn Award for Architecture.

(A) winning
(B) win
(C) won
(D) winner

ここで
解く！

In addition to ------- the Schmitz Prize, James Dewey won the prestigious Elburn Award for Architecture.

核心 96　「前置詞＋動名詞＋名詞」のパターン③

動名詞を使う慣用表現がポイントです。文頭 In addition to ~「~に加えて」は前置詞扱いなので、to の後ろには「名詞・動名詞」がきます。

空所直後に名詞 the Schmitz Prize があるので、それにつながる動名詞の (A) winning を選べば OK です。In addition to winning ~「~の受賞に加えて」となります。

名詞の (D) winner「受賞者」を選ぶと、冠詞がない、名詞要素が連続するという理由でアウトです。

win ≒ get と考える！

win の意味は大半の人が「勝つ」と覚えていますが、「**勝ち取る**」と考えて、get のイメージを持ってください。

【win の意味】
① 「（勝負に）勝つ」　　　② 「（物を）勝ち取る」
③ 「（人気などを）得る」　④ 「勝つ」 ※自動詞。

---

① 「（勝負に）勝つ」は問題ないのですが、② 「（物を）勝ち取る」、③ 「（人気などを）得る」といった意味の場合、get を意識できているかで理解度が変わってきます。

今回の win the Schmitz Prize も「Schmitz Prize をとる・受賞する」のように、get と同じ感覚です。Part 4・7 の英文で、win a prize / win an award「受賞する」、win approval「承認を得る」、win customer support「顧客支持を獲得する」、win global recognition「世界で認められる」などが使われます。

ちなみに今回の英文では過去形 won も使われています。won ~ Award なので、やはり「受賞した」という意味ですね。

ちなみに、won の発音は「ワン」なので、リスニングで one と混同する人も多いです。won を使った今回の英文を特典音声と共に読み込んで、won ~ Award のつながりを頭に染み込ませておきましょう。

語句

□ **in addition to ~** ～に加えて
□ **prestigious** 名誉ある・権威のある

正解　A

James Dewey は、Schmitz Prize の受賞に加えて、名誉ある Elburn Award for Architecture も受賞しました。
(A) 動 「受賞する」の -ing 形
(B) 動 の原形
(C) 動 の過去形・過去分詞形
(D) 名 受賞者

097. ------- who want to join the company baseball team should contact Ms. Richards this week.

(A) Anybody
(B) Each
(C) Another
(D) Those

098. After each game, spectators have many opportunities to buy baseball ------- on their way out of the stadium.

(A) merchandises
(B) merchandising
(C) merchandised
(D) merchandise

099. To be considered for a position at the Enrisoft Company, candidates must have ------- experience in developing Web applications.

(A) extensive
(B) extension
(C) extensively
(D) extend

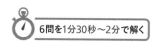
100. The parcels were sent to Brussels fourteen days ago, but they have ------- to be delivered to their destination.

   (A) once
   (B) only
   (C) after
   (D) yet

101. Any questions ------- AXL Enterprises' handling of personal information should be addressed to its legal department.

   (A) concerning
   (B) concern
   (C) concerns
   (D) concerned

102. Mr. Stewart stopped by the director's office to outline his proposal for ------- the company's overtime policy.

   (A) change
   (B) changed
   (C) changing
   (D) changes

解答・解説 ▶ p.248-259

問題

------- who want to join the company baseball team should contact Ms. Richards this week.

(A) Anybody
(B) Each
(C) Another
(D) Those

ここで
解く！

------- **who want** to join the company baseball team should contact Ms. Richards this week.

◎ 核心 97　「〜する人々」を表すには？

熟語問題であり、SV の一致もポイントになります。空所にはズバリ S になり、直後の who と相性が良いものが入ります。(D) Those を選んで、those who 〜「〜する人々」という決まり文句にすれば OK です（who は関係代名詞）。those は「あれら」→「（あれらの）人々」となりました。

仮にこの表現を知らなくても、SV の一致問題として対処できます。英文のメインの V には should が使われているので、単数・複数が不明（どちらでも should の形は変わらない）です。

しかし、まさに灯台下暗しで、直後が who <u>want</u> to 〜 となっています。他の選択肢の単語はすべて「単数扱い」なので、「3 単現の s」が必

要です（anybody = anyone については問題075、each は問題029）。

ちなみに those +形容詞「～する人々」も Part 7 でよく見られます。

【補足：those +形容詞「～する人々」】
☐ those present「出席者」　☐ those concerned「関係者」
☐ those involved「関係者」　☐ those interested「興味のある人」

隠れポイント 97 another = an + other

another は本来 "another = an + other" なので、後ろには「単数形」がきます。これを知っていれば、「the と一緒に使わない」、「後ろに複数形はこない」とわかります。

例外的に "another +複数形" が許されるのは、"another 数量" のときです。数量をワンセット（単数扱い）と考えるからです。たとえば another few days「あと数日」や、another 10 dollars「あと 10 ドル」です。

Your room is 120 dollars a night, but for <u>another 10 dollars</u> you can upgrade to a room with an ocean view.
一晩 120 ドルですが、<u>10 ドル追加</u>でオーシャンビューのお部屋にアップグレードできます。

語句

☐ **join** 加わる
☐ **contact** 連絡する

正解　D

会社の野球チームに入りたい人は今週、Richards さんに連絡しなくてはなりません。
(A) 代 誰か
(B) 形 それぞれの／代 1 人 1 人
(C) 形 別の／代 もう 1 つのもの
(D) (those who ～ で) ～する人々

問題

After each game, spectators have many opportunities to buy baseball ------- on their way out of the stadium.

(A) merchandises
(B) merchandising
(C) merchandised
(D) merchandise

ここで
解く！

After each game, **spectators have** many **opportunities to buy baseball** ------- on their way out of the stadium.

核心 98　不可算名詞 merchandise

名詞の知識に関する問題です。baseball ------- は、直前にある buy の O になります。(D) merchandise「商品」を選んで、baseball merchandise「野球の商品・野球グッズ」とすれば OK です。

ちなみに、フランス語の marché「市場」（フランス語の発音は「マルシェ」で、日本でもおしゃれな場所での青空市場で使われていたりします）、フリマアプリの「メルカリ」も同じ語源です。そこから、merchant「市場の人」→「商人」や merchandise「（商人が扱う）商品」となりました。

merchandise は「**不可算名詞**」なので複数の s はつかないのがポイントです。いい機会なので、隠れポイントで整理しておきましょう。

merchandise は、実は「商品」というよりも、**「商品群（商品ひとまとめ）」というイメージ**なんです。実際、辞書には merchandise = goods「（複数の）商品」と書かれていることがあります。

つまり merchandise はすでに「複数」とも言えるわけです。ですから、さらに「複数の s」や「冠詞 a」をつけるのは NG となります。

このように「元からひとまとめのイメージ」の単語は他にもあり、TOEIC では、Part 5 の文法問題だけでなく、Part 1 で多用されるので、必ずチェックしておいてください。

【ひとまとめ系の名詞】

☐ money「お金」　　　　　☐ baggage / luggage「荷物」
☐ furniture「家具」　　　　☐ equipment「設備」
☐ machinery「機械類」　※ machine「機械」は可算名詞。
☐ clothing「衣類」　　　　☐ merchandise「商品」

語句

☐ **spectator** 観客
☐ **opportunity** 機会
☐ **on one's way out of ~** ～から出ていく途中に
☐ **stadium** 球場

正解　D

各試合後、観客には球場から出る途中で野球グッズを買える機会がたくさんあります。
(A) 動「売買する」の3人称単数現在形
(B) 動 の -ing 形／名 商品化計画
(C) 動 の過去形・過去分詞形
(D) 名 商品

問題

To be considered for a position at the Enrisoft
Company, candidates must have ------- experience
in developing Web applications.

(A) extensive
(B) extension
(C) extensively
(D) extend

ここで
解く！

To be considered for a position at the Enrisoft
Company, **candidates must have ------- experience
in developing Web applications**.

核心 99　重要語 extensive

品 詞 問 題 で す。To be considered for a position at the Enrisoft
Company は文頭に置かれた副詞句（不定詞の副詞的用法）です。
candidates が S、must have が V、------- experience in ~ が O と考
えます。

空所には、**直後の名詞 experience を修飾する「形容詞」**が入ると
考え、(A) extensive「広範囲の・豊富な」を選びます（-ive が形容
詞を作る語尾です）。

今回は品詞が問われていますが、extensive は Part 7 でも重要な単
語なので、意味をしっかりチェックしておいてください。動詞
extend「延ばす」の形容詞形です。「いろいろな分野に延長するよ

うな」→「広範囲の」となりました。extensive experience in ~ で「〜における豊富な経験」です（in は「分野・範囲（〜において）」を表す）。

隠れポイント 99 「求人広告」での頻出表現

今回の英文は Part 7 頻出の「求人広告・人材募集」で、応募条件を伝える際によく使われます。

求人広告で文頭の "To be considered for a position at 会社名" 「 会社名 での採用対象となるためには」という表現が使われます。position は「会社での位置」→「地位・職位・勤め口」という意味です。

また、求人の「必須条件」と「望ましい条件」の区別が Part 7 でよく問われますが、そこでポイントになるのが must です。must 「〜しなければならない」は「必須条件」だとわかります。

今回の candidates must have extensive experience in ~ も、応募の「必須条件」です。must というたった 1 つの単語が、正解するうえでキーになるので注意が必要です。

語句

- □ **be considered for ~** 〜の対象となる
- □ **position** 職位・勤め口
- □ **candidate** 候補者・志望者
- □ **develop** 開発する
- □ **Web application** ウェブアプリケーション

正解　A

Enrisoft 社での採用対象となるには、就職希望者はウェブアプリケーションの開発において豊富な経験を積んでいる必要があります。
(A) 形 豊富な
(B) 名 拡張
(C) 副 広く
(D) 動 拡大する

問題

The parcels were sent to Brussels fourteen days ago, but they have ------- to be delivered to their destination.

(A) once
(B) only
(C) after
(D) yet

ここで
解く！
> **The parcels were sent** to Brussels fourteen days ago, **but they have ------- to be delivered** to their destination.

◎核心 **100** have yet to *do*「まだ～していない」

否定表現がポイントです。前半に「小包は送られた」とあり、but がきているので、but they have ------- to be delivered は「まだ届いていない」という否定的な内容になると考えられます。

空所前後の have ------- to be delivered の形に注目し、(D) yet を選んで have yet to *do*「まだ～していない」という表現にすれば OK です。

これは、have to *do*「～しなければならない」の真ん中に yet が割り込んだ形で、have <u>yet</u> to *do*「まだ～しなければいけない状態」→「まだ～していない」という意味になりました。

not を使わない「否定表現」

not を使わない否定表現をチェックしておきましょう。

【not を使わない「否定表現」】
① anything but ~ 「決して~ではない」
② far from ~ 「決して~ではない」
③ remain to be p.p. 「まだ~されていない」
④ be yet to *do* 「まだ~していない」
⑤ have yet to *do* 「まだ~していない」

---

① anything but ~ は、直訳「~以外 (but)、何でもあり (anything)」
→「決して~ではない」となりました (but は前置詞「~以外」です)。

② far from ~ は、直訳「~からほど遠い」→「決して~ではない」
です。日本語でも「彼は芸術家からほど遠い」とか「完成からほど
遠い」と言いますね。

③ remain to be p.p. は、直訳「これから~される (to be p.p.) まま
残っている (remain)」→「まだ~されていない」となります。

④ be yet to *do* は、be to *do*「これから~することになっている」の
真ん中に yet が割り込んだだけです。be <u>yet</u> to *do*「まだこれから~
することになっている状態」→「まだ~していない」です。

正解 D

それらの小包は 14 日前にブリュッ
セルに送られましたが、まだ配達
先に届いていません。
(A) 副 かつて
(B) (have only to *do*) ただ~
しさえすればよい
(C) 前 ~の後に
(D) (have yet to *do*) まだ~して
いない

語句

□ **parcel** 小包
□ **deliver** 配達する
□ **destination** 目的地

問 題

Any questions ------- AXL Enterprises' handling of
personal information should be addressed to its
legal department.

(A) concerning
(B) concern
(C) concerns
(D) concerned

ここで
解く！

Any questions ------- AXL Enterprises' handling of
personal information should be addressed to its
legal department.

核心 101　concerning = about

Any questions ------- AXL Enterprises' handling of personal
information が S、should be addressed が V です。空所前後が名詞
なので、この両者をつなげる表現として、前置詞の (A) concerning「〜
に関して」を選びます。Any questions concerning ~「〜に関す
るあらゆる質問」となります。

concerning は元々、分詞構文（それゆえに -ing）ですが、辞書には
もはや「前置詞」として載っています。concerning = about と
考えて OK です。

ちなみに、should be addressed to ~ が V でしたが、address は「ぽ
〜んと向ける」というイメージがあれば、「委託する」という意味を

知らなくても、「向けられる」など、なんとなく意味がつかめるかと思います（問題 054）。

Any questions concerning ~ <u>should be addressed</u> to its legal department. で、直訳「〜に関するあらゆる質問は、法務部に<u>向けられるべき</u>」です。

「〜について」を表す前置詞を整理

about「〜について」とほぼ同じ意味の前置詞をまとめて整理しておきましょう。すべて Part 5 で直接問われることがよくありますし、Part 6・7 でも頻出です。

【「〜について・〜に関する」を表す表現】
☐ concerning ~   ☐ regarding ~   ☐ with[in] regard to ~
☐ pertaining to ~

語句

☐ **handling** 取り扱い・処理
☐ **personal information** 個人情報
☐ **legal** 法律の
☐ **department** 部門・部署

正解　A

AXL Enterprises の個人情報の取り扱いに関するあらゆる質問は、法務部が対処することになっています。
(A) 前 〜に関する
(B) 動 関係する
(C) 動 の3人称単数現在形
(D) 動 の過去形・過去分詞形

問題

Mr. Stewart stopped by the director's office to outline his proposal for ------- the company's overtime policy.

(A) change
(B) changed
(C) changing
(D) changes

ここで
解く！　Mr. Stewart stopped by the director's office to outline his proposal for ------- the company's overtime policy.

◎核心 102　「前置詞＋動名詞＋名詞」の超頻出パターン

品詞問題です。Mr. Stewart stopped by the director's office の時点で英文は完成しています（stop by ~「～に立ち寄る」を 1 つの他動詞と考えると SVO）。

続く to outline ~ は不定詞の副詞的用法「～するために」です。したがって outline は（名詞ではなく）動詞「～のアウトラインを説明する・概要を説明する」です。

その outline の o になるのが、his proposal for ------- the company's overtime policy です。

空所前後の for ------- the company's overtime policy という形に注

258

目して、for の後なので、空所には「名詞・動名詞」が入ると考えます。次に空所直後の名詞 the company's overtime policy とつなげるためには動名詞が必要なので (C) changing が正解です。

隠れポイント 102 stop by ~ / drop by ~ をチェック!

今回の V になった stop by ~ は、「stop が動詞で by ~ という前置詞のカタマリがくっついている」と考えてもいいのですが、これで 1 つの熟語と言えるほど頻繁にセットで使われます。

by は本来「近接(〜の近くに)」で、stop by は「近くに(by)立ち止まる(stop)」→「立ち寄る」となります。Part 2・3 の社内での会話で「後で立ち寄ってね」とか、Part 4 のお店からの留守電で「修理が終わっているので会社の帰りにでも立ち寄ってください」のようによく出てきます。

さらに、stop by と同じ意味で TOEIC 頻出なのが drop by です。drop は「落ちる」→「(落ちるようにフラッと)立ち寄る」という感じで使われます。

語句

□ **director** 取締役・主任
□ **office** 事務所・会社・執務室
□ **outline** 概要を説明する
□ **proposal** 提案
□ **overtime** 残業
□ **policy** 方針・規定

正解 C

Stewart さんは、会社の残業規定を変更するための提案について概要を説明しに、取締役の部屋に立ち寄りました。
(A) 原形
(B) 過去形・過去分詞形
(C) -ing 形
(D) 3 人称単数現在形

⊙ Index 索引

1. 文法別 Index

全 102 問について文法別にページ数を掲載しています。
黒字は「核心」で、薄字は「隠れポイント」で取り上げた内容です。

2. 語句 Index

本書の解説や「語句」で取り上げた単語と表現を掲載しています。

関 正生 （せき まさお）

1975年7月3日東京生まれ。慶應義塾大学文学部（英米文学専攻）卒業。TOEIC®L&Rテスト990点満点取得。2006年以降のTOEIC公開テストをほぼ毎回受験し、990点満点を取り続けている。

リクルート運営のオンライン予備校『スタディサプリ』で、全国の小中高生・大学受験生対象に、毎年140万人以上に授業を、また、『スタディサプリ English』のTOEICテスト対策講座では、約700本のTOEICテスト対策の動画講義を行っている。著書に『世界一わかりやすいTOEICテストの英単語』（KADOKAWA）、『極めろ！リーディング解答力 TOEIC® L&R TEST PART 7』（スリーエーネットワーク）、『サバイバル英文法』（NHK出版新書）など120冊超、累計300万部突破。英語雑誌『CNN ENGLISH EXPRESS』（朝日出版社）でコラムを連載中。

関 正生の
TOEIC®L&R テスト
文法問題 神速100問

2020年12月5日 初版発行
2023年3月5日 第4刷発行

著者	関正生
	©Masao Seki, 2020
発行者	伊藤秀樹
発行所	株式会社ジャパンタイムズ出版
	〒102-0082 東京都千代田区一番町2-2
	一番町第二 TG ビル2F
	ウェブサイト https://jtpublishing.co.jp/
印刷所	中央精版印刷株式会社

・本書の内容に関するお問い合わせは、上記ウェブサイトまたは郵便でお受けいたします。
・万一、乱丁落丁のある場合は、送料当社負担でお取りかえいたします。
ジャパンタイムズ出版・出版営業部あてにお送りください。

定価はカバーに表示してあります。
Printed in Japan　　ISBN978-4-7890-1774-9

本書のご感想をお寄せください。
https://jtpublishing.co.jp/contact/comment/